Ⓢ新潮新書

土井善晴
DOI Yoshiharu

一汁一菜でよいと至るまで

JN042452

950

新潮社

一汁一菜でよいと私が思うに至るまで

本著は、新潮社の月刊誌「波」で、2018年11月から1年間連載をさせていただいた「おいしく、生きる。」を土台にして一冊にまとめたものです。

当初、私の体験した料理にまつわる出来事やその周辺について、何を書いてもいいと依頼をいただいたのです。とはいうものの当時は「何を書くべきか」ということを見出せず、人生を振り返り、とりあえず時々に「あらわれる思い」を書き始め、毎月1万字ほどの原稿を書き続けました。自分の過去の体験を書きながら、何を伝えたいのだと自問して書く作業に、毎回とても苦労しました。過去の体験を面白く小説化できればいいのでしょうが、そんなことにもなりません。

未来を語りたい、せめて今を語りたいと思うのに、自分の過去を掘り起こして書くことに疑問を感じながら続ける連載は、けっしておもしろいことではなかったのです。そうすると、どうにも焦点が絞られず、それなりのときもあれば悪いときもあるという、まさに波のある内容のエッセーになっていたと思います。ままならぬ私の心持ちを読み取られていた読者の方々も多かったのではないでしょうか。

しかしながら、どれほどの人か知りませんが、一冊にまとめて欲しいという要望があったらしいのです。でも、出版のために時系列にまとめ直すようなことをしはじめると、料理研究家の自伝のようなものになってしまって気持ちが悪い。

自伝など余程その人生に意味がないと書く価値はないし、第三者が敬愛する人を思い興味を持って書く評伝でもない。ゴッホのように研ぎ澄まされた純粋な才能でもなければ、自分で書く伝記は恥ずかしいもの。がんばって編集者の要望に応えようとすると、単なる自慢話になり、謙虚に書くとこれがまたつまらない。書籍化の依頼に対して、このままではぜんぜん無理です。どうまとめるべきか、どう改めどう加筆するべきかがまったくわからず、時間ばかりが過ぎました。ここに至るまでに、ずいぶん時間がかかってしまいました。

私は料理しかできないのです。幼い頃の写真を見ると、大阪の実家の前は舗装される以前の地道ですし、三輪車にまたがっている私は着物を羽織っています。自身では戦後を生きたという実感がありませんが、日本の高度経済成長（1956〜1973年）の始まりから終わり、その後に続く安定成長期（1974〜1991年）、そして現代に至る低成長期（1992年〜）という時代を私は生きてきたのです。それは、歴史上最も大きく変化した「現代」という時代にそのまま重なります。豊かさに憧れ、豊かさに向い、豊かさを手に入れ、享受し、持て余し、過剰な豊かさの弊害が地球環境に現れるまでの、うねるような変化の時代でした。その間に「食」も時代の必要に応じて多様化しました。そうした変化の時代を、「食」という一つの世界で私はもがくように生きてきたと思います。ならば、私のさまざまな経験の中で、ときどきに思い、考えていたことを、素直に書いてみようと思ったのです。

1957年に料理研究家の両親の家に生まれて、物心つく以前から、料理を心においていたと思います。65年の人生は、「料理で生きていこうと決心するまでの20年」「料理をつくる最前線の現場でひたすら没頭した20年」「料理指導を通じて料理を考え続けた20年」と大まかに三つに分けられるように思います。そして、その後の現在は、一汁一菜を提唱した後の、今に続く食事と料理を深く考えるようになった年月です。

私の姿が皆さんの目に触れるようになったのは、テレビ朝日の『おかずのクッキング』やNHKの『きょうの料理』でしょう。前者は1988（昭和63）年に初めて出演し、レシピを書くようになってから32年。テレビ朝日では『題名のない音楽会』に次ぐ長さだと知ってびっくりしています（2022年3月に放送終了、幕を閉じることになりました）。

そうした料理番組出演に際しては、事前にテキストがあって、レシピを書きます。これまでに紹介したレシピはテレビの仕事だけではありませんから、かなりの数です。実際数えたことはないですが、万を超えるでしょう。その一方で、メディアの仕事と並行して行っていたレストラン開発の仕事があります。新しくオープンする店舗のコンセプト作りからシステム・メニュー開発や調理指導までしていましたから、プロの仕事と家庭料理というまったく逆の発想を持つ両方の仕事をするうちに、自分の中ではプロの仕事と家庭料理との区別や意味が明らかになり、それぞれの料理に向かう姿勢も明確になっていきました。

一方メディアでは、お金をとるプロの料理と無償の家庭料理の違いを深く考えないで、あらゆる情報が一緒くたにして発信されてきました。それは今も変わりません。

そうした世相が、家庭料理を担う人たちを追い詰めてきたとも言えます。

レストランで食べるような料理を、家でも食べたいと要求され、また、作らないといけないと思い込んだのです。父の世代ならまだまだ、外で食べるような食事と家で食べるものは別のものという認識がありました。そうした家の内と外にけじめをつけないことを、下品なことと考えていたのです。私の世代になると、家でご馳走を食べたいという過剰な要求から家庭料理は壊れていきます。そこから、家庭料理という文化を守り、原点に戻るために初期化して、簡素な「一汁一菜」に行きついたように思います。

それは素敵なレシピを紹介するそれまでの料理研究家の立場とは真っ向から対立する考え方です。戸惑いもありましたが、料理研究家とは人を幸せにする仕事ですから、結果を恐れず書いたのが『一汁一菜でよいという提案』（2016年。2021年に文庫化）でした。それが思いがけず広く読まれたこともあり、文章や意見を求められる機会も増えています。そうした経緯を踏まえて、声をかけられて始めたのが「おいしく、生きる。」という、この本の基になる連載です。

ですから、自分の経験をご紹介しながら、「一汁一菜」という提案をするに至った道のりを書き留めてまとめたのが、この本です。

一汁一菜でよいと至るまで　目次

意志は尊重される◈人間中心主義から生まれたフランス料理◈料理をしながら食べる伝統文化◈一人で旅して食べる◈アラン・デュカスのファンになる◈ヌーベル・キュイジーヌと大阪万博◈フランス料理と日本料理の出会い◈芸術になったフランス料理◈コース料理という楽曲アルバム◈影響し合い、グローバル化する料理◈料理とは何かを学んだロワイエット村◈新しいフランス料理は素材重視◈よき料理は自然とつながっている◈おいしさだけではない料理の価値観

第三部　料理の「顔」と「目的」を見極める——「味吉兆」で学んだこと　105

日本料理がわからないと自覚する◈味吉兆主人・中谷文雄◈調理場の厳しさがもたらす心地よさ◈「すっとこどっこい」と叱られる◈「全力でする仕事」と「ええ加減にする仕事」◈タブーを冒さないといけない◈味吉兆の「バンザイ」◈繊細な包丁の仕事◈家庭とプロの包丁の違い◈包丁くらべ◈それぞれの立場で日本一を目指す◈まねること、まなぶこと◈日本料理のエレガンス◈湯木貞一という天才◈「世界の名物　日本料理」◈懐石料理の極意とは◈何もないゼロから始まる懐石料理◈お茶があるか、お茶がないかの基準◈日本一美しい盛り付け◈自分には見えなかった価値◈美は至るところに現れる

一汁一菜でよいと至るまで

第一部

料理は一生のもの
——父、土井勝の名の陰で

端午の節句に（左）、1958年、私を抱いた父と兄と（右）

『きょうの料理』と同い年

私、土井善晴は1957（昭和32）年2月に大阪で生まれました。そのまま、大阪の帝塚山《てづかやま》で二十歳まで過ごします。祖母と相撲とり（四股名は「平野川」）だった叔父、両親、兄、私、妹の三人兄弟、お手伝いさんが二人いる家でした。幼い頃から、料理研究家の草分けであった父、土井勝の仕事を見て育ち、料理研究家という仕事がどういうものかもわからないうちに、料理の道を志していたように思います。

父はNHKの放送開始（1953年）まもなく始まった、『きょうの料理』の講師でした。今では私自身も出演させていただいている長寿番組です。

戦後の解放感の中、テレビ自体の珍しさも手伝い、食べられない時代からお腹いっぱい食べられる豊かさへと向かう、希望にあふれる社会のムードがありました。豊かな物に囲まれた、羨むようなアメリカのテレビドラマでの生活ぶりを見て、新しい料理への興味もわいてきた頃です。

『きょうの料理』が始まった年に生まれたので、テレビのなかの父をもの心つく前から見ていましたが、日々忙しくしている父は、収録日ともなると小学生の私をなぜかテレビ局によく連れて行ってくれました。

そういう形で父の仕事に興味を持ったのは兄弟のうちでも私だけでした。大きなスタジオの片隅に用意してくれた椅子に腰掛けて収録をじっと見ていたのです。当時、父が出演する『きょうの料理』では、NHKの局の判断でアシスタント（アナウンサー）はつかず、父一人で25分間の番組をやっていました。私の知る限り他の先生（講師）ではなかったことですから、父の番組進行と解説は信頼されていたのだと思います。

今も変わらない番組のテーマ曲が流れ出すと、緊張感が体にめぐります。とはいえ、父は料理をするのも解説をするのも、いつもニコニコと微笑みながら進めていきます。丁寧な言葉遣いでわかりやすく、視聴者が見やすいように、カメラ側に器の正面を向け、父は裏側から箸を入れて、盛り付けの手順を視聴者に見せていたのです。案外と当時の男性講師は料理人らしくきびしい顔をしていましたから、土井勝のようなやさしい雰囲気を持った男性講師はいなかったと思います。

『きょうの料理』の収録は、ドライリハーサル（流れを確認し合う全員の打ち合わせ）とカメラリハーサル（本番と全く同じように行う）を経て本番に入ります。本番は編集なしでそのまま放送されるという『きょうの料理』独特の収録スタイルは、放送開始以来65年間今も変わりません。ちなみにテレビ朝日の『おかずのクッキング』では、本番で省略するところを事前に決めておくものの、リハーサルはなし。長時間煮るということでもなければ、吹替え（先に準備しておく料理のこと）も用意しないで本番のその場でほとんどの料理を作り上げます。収録後、ディレクターの編集作業によって番組を仕上げます。

『きょうの料理』の本番はリハーサルよりもたいていはスムーズに進むので、最後の方に時間が余ることもしばしばあります。父は、その余白を埋めるために、番組を振り返りながら、気の利いた話をひとつふたつするわけです。豊富な知識から言葉を選び、最後には「お子たちにも喜ばれます」という決まり文句でピタリと締める。大根一本でも持たせればいくらでも大根にちなんだ話を語れる父には感心するばかりでした。

もちろんその頃は、まさか、自分ができるようになるなんて夢にも思っていませんでした。

料理は真面目なもの

今と違って、番組で料理の先生が駄洒落《だじゃれ》を言うなんてこともありませんでした、というより、食事はだまって食べるものでしたから、そういう茶化すようなことをしてはいけない空気が社会にありました。今思うと、私の祖母の世代が生きていた時代は、食事に対する観念がかなり違っていて、食事とは、集中してお料理と向き合う時間であったように思います。食事以外のことを話す場ではなかったし、会話は慎むことが当たり前でした。皿の上に盛られたものはきちんと全て食べる。食べないなら最初から箸をつけてはいけないと教えられました。

当然、米一粒も残してはいけないし、それだけでおいしい温かいご飯にお茶をかけることはいけないことでした。どうしてもお茶をかけたい時は「ごめんなさい」と一言お詫びしてから、お茶をかけるようにしつけられたほどです。

今思い出せば大昔の話のような気がしますが、食事の仕方（作法）は相当変わってしまったように思います。そうした食事の仕方は、今もお寺での修行や茶事（懐石）に残っています。和食とはそうしなければ味わえないものだからだと思います。食事とは人に向き合うというよりも、料理という自然に向き合う場（時間）でした。

そんな時代でしたから、料理は真面目にやるべし、と派手なパフォーマンスもおふざけもなし。老舗料理店のご主人なら、盛り付けがすめば手を前にむすんで、少し目を伏せて、黙ってアナウンサーの進行にゆだね、謙虚な姿で番組を終えるのです。言葉数の多い和食料理人や菓子職人などは信用されない時代でした。

テレビを見る側も厳しかったのだと思います。例えば、テレビドラマのワンシーンで、左手でお玉を持って味噌汁を注いだというだけで、左右の使い方がなっていないとクレームの電話や手紙が来たそうです。さらしの布巾《ふきん》をひとつ使うにも、ほつれが不潔そうに見えるといけないと、きれいに両端を縫っていました。もちろん畳むときもきちんと、です。

逆に思いがけない所作を褒められることもありました。「土井勝さんが食材を一つ一つ箸で指し示しながら説明する（その様子）、キザだね……やってみたい」とある落語家さんが扇子で箸の様子を再現しながら噺《はなし》のさげにするほど、金属製のまな箸を使う父の手の表情はきれいでした。京都の「御箸司市原平兵衞商店」のご主人、つまりお箸のプロの方が、「箸遣いのきれいな日本人」として、父の名前をあげてくださったほどです。

元祖。たらこスパゲティ

父はプロでありながらも、家庭に寄り添って実際に役立つ料理を心掛けていました。

また、新しいお料理を紹介するときも、まつわるエピソードを添えて説明したものです。本番中、父は、茹で上がったスパゲティに、ほぐしたタラコとバターを混ぜながら、「このスパゲティは永六輔《えいろくすけ》さんに教わったんですよ。永六輔さん持ち前のユーモアでフランス語をもじってスパゲティ・アラッ・タラコです」とうまく織り込んでオリジナルを明らかにしていました。

中国旅行から戻った後には、北京でもとめた大きな玉《ぎょく》の茶碗にお粥をよそい、「中国文化に詳しい團伊玖磨《だんいくま》さんに習ったんですよ」と話していました。確かに、和食を中心にしていた父が、いきなりイタリアンや中国料理を何の説明もせず作り始めても信じてもらえません。画面の向こうでどのように聞いているか、見ているかを考えてこそ、テレビに出演する自覚が生まれるものです。父はそうしたことにいつも正直でした。

そんな時代に大きな変化を与えたのは、１９７７年頃、本格的に導入されるテレビ視聴率です。視聴率は本来スポンサーに提供される情報です。ところが公共放送のＮＨＫでさえ、視聴率という数字を番組の評価基準にするようになりました。

スタジオ収録で、大勢の一般視聴者（観客）が並ぶ番組のはじまりに拍手を要求し、「それじゃ視聴率は上がらないですよ。もっと強く！」と大声で叫ぶアナウンサーが映し出されるメーキング番組を見て、なんか変だな、ちょっと嫌だな、それだけになるといけないなと思ったことを今でも覚えています。その後も視聴率こそ存在価値とする傾向は進んでいきました。

時代の変化につれて『きょうの料理』も変わっていきました。

後年、番組をご一緒した後藤繁榮《しげよし》さん（元NHKアナウンサー。長らくアシスタントを務めていただきました）が、『きょうの料理』で駄洒落を言ったのはかなりセンセーショナルな出来事でした。きっと批判もあったことでしょう。それを、だれもが承知するまでやり通した後藤さんは偉いなあ。それが許されたのは、慎ましく人前でも普段と変わらない、裏表のない誠実な人柄があるからですね。

「家庭料理は女がするもの」でした

小学校の家庭科で料理を習う授業がありました。何を作っていたかなんて忘れてしまいましたが、先生がだれか生徒の代表にやらせようとした記憶があります。するとクラスのみんなが「土井にやってもらえばいい」と囃し立てたのです。私は料理を簡単なことではないとわかっていましたから、「絶対にやらない」と言い張ったのです。

すでに、土井勝は有名な料理研究家、それは友達の間でも知られていました。私は父の料理に向かう真剣さから、料理の厳しさを知っていました。好き勝手にできないともわかっていたのです。

今と違うことは、当時の人々の感覚は「家庭の料理は女がするもの」。料理人は男の仕事であっても、家庭料理は女の仕事と決めつけていたのです。ですから、小学生からすれば、家庭料理の先生である私の父親は、「女形《おんながた》」になるわけです。

市場に、普通の男が買い物カゴを持って大根や白菜を買いに行くなんてあり得ない時代でした。「男子厨房《ちゅうぼう》に入らず」でした。当時は男が料理に関わるのは恥ずかしいことだったんですね。帝国ホテルの初代総料理長村上信夫《むらかみのぶお》氏と土井勝が行った対談では、二人とも家では何もしない、ということで意見が一致。そういった世間の風潮に対して、私の中には微妙な気持ちがあったと思います。

父は陸上の選手として国体の前身である明治神宮競技大会の短距離400メートル走で優勝し、戦争で中止になった1940（昭和15）年の東京オリンピックが行われていれば、代表選手に選ばれていたと父から聞きました。

当時「暁の超特急」と呼ばれた吉岡隆徳氏が第一人者でしたが、自分がスパイクをはいていれば勝っていたかもしれないと、（だれにもわからないことですが）話していました。

父の記録は裸足で作ったものだったのです。

海軍の調理法

戦争につながる世界情勢の悪化から、結局オリンピックは開催されず、父は海軍の主計科（庶務や会計、被服や糧食など兵站を担当する兵科）に入ったようです。全国から集まってきた寿司や天ぷらの職人をはじめ、腕利きの料理人を率いる隊長として勤務したとか。名人と言われる職人たちから、海軍ではずいぶん料理の知識を得たようです。

海軍の食事は豊かで、軍艦の中で豚まで飼っていたそうです。船上では使える真水が貴重ですから、野菜などは茹でずに、少量の水分で蓋をして蒸し上げる「蒸し茹で」という調理法で行われました。それは素早く、煮崩れず、栄養の流出も少なく、光熱費も抑えられる合理的なやり方ですから、のちに主宰する料理学校でも、海軍式の蒸し茹でという調理法を採用していました。

この「蒸し茹で」は、後年、料理研究家になった私にとって大きな武器になり、さまざまな料理を生み出しました。温製野菜サラダ、牡蠣の昆布蒸し、無水の「肉じゃが」などです。

そもそも「肉じゃが」は大阪にはなかったので、私自身は三十歳を過ぎるまで作ったことがありませんでした。それに近いのは、牛肉と糸蒟蒻《こんにゃく》、ネギや玉ねぎを一緒に煮た「すき煮」であって、じゃが芋入りのすき焼きを手鍋で作るようなものでした。火の通りにくいじゃが芋と火を通し過ぎては固くなる牛肉の薄切りという異なる素材の性質がありますから、調理的には難しいのです。それを蒸すということで解決したのです。

父の料理学校

父は、主計科の中でもエリートで、終戦間近の特攻作戦により沖縄の沖で沈んだ戦艦大和に乗る予定もあったそうですが、乗船直前にたまたま近衛兵に選ばれ異動命令が出て、生き延びたと聞きました。終戦後、戦争を共にした仲間が集まって戦友会を開くなんてことはよくあるのかないのか、父が主幹を務めた班隊では行われ、その写真が残っています。

終戦後はその経験を生かし、大阪にあった日本調理師専門学校の講師になりました。同僚であった母と結婚し、独立して関西割烹《かっぽう》学院（後の土井勝料理学校）を主宰し、料理研究家としての道を歩みます。

父は何でも器用にこなす人で、趣味のヘラ鮒釣りは名人とさえ言われ、その技、その仕掛けを極めて趣味の域を越えていました。全国のお気に入りの釣り場には、釣り道具一式を預けていたほどです。五十歳頃始めたゴルフはシングルの腕前、そして創設した料理学校は全国に拡大し、公私ともに多忙を極めていたのです。

お金にはただ正直で、無頓着でしたから、税務署からはたくさん納税していただきありがとう、と感謝状が届いていました。アメリカで創設された陸上のマスターズの日本大会で、年齢的に有利だと言っていましたが、100メートル走で決勝に進出しています。

故郷の高松にいた叔父は骨董商であったせいか、仕事でいつも実家に来ていました。改装する前の実家の応接間には、横山大観の絵がかかり、御所人形が飾ってありました。道具もそれなりに古いものも取り合わせて、日常的に使っていたと思います。

おふくろの味

さて、実家の食堂には大きなイギリス製のテーブルがありました。一番奥は祖母の席という具合に、座る席は決まっていました。我が家ではとにかく祖母が一番偉い人で、母の手料理のおかずの一番いいところは、いつも祖母のお皿に盛られました。十人兄弟の末っ子として父が生まれ、程なく祖父は亡くなり、父は父親の顔を知らなかったのです。女手一つで十人の子供を育てた祖母は大変な苦労をしたと聞きました。

祖母は無口な人でしたが、聞かせてくれた話で記憶に残っているのは、郷里の高松で「初めて自転車に乗ったおなごだった」話です。「おんなだてらに」というより、「おなごのくせに」という言葉を投げつけられたとか。寝る間も惜しんで働く祖母を見て育った父の思いを汲んで、母は祖母をとても大事にしており、祖母を連れて、二人でハワイ旅行に行ったほどでした。祖母はハワイのムームー姿でご機嫌で帰ってきました。

祖母が毎日、十人の子供のために作った朝ごはんは、手打ちうどんだったそうです。忙しい中でも一度にできあがる、つまり、熱源が一つで済むからです。うどんを野菜と一緒に味噌で煮込む「打ち込み汁」は、ひと鉢で「一汁一菜」になりますね。ひと鉢でバランスが取れていますから、健康的にも問題ありません。すでに「一汁一菜」というのは、祖母に限らず誰もがやっていたことで、無駄をしない生活をしていた当時は、光熱費を考えても、どこの家でも一汁一菜が当たり前だったのです。

明治生まれの祖母が子育てをしたのは社会的に女性が活躍する以前のこと、十人を育て上げたこの母への思いから父は家庭の味のことを「おふくろの味」と呼びました。

「おふくろの味」という言葉は世間でもよく使われるようになって、その後も長く残っています。

口癖は「旬が大事です」

料理研究家として活躍する父は、「旬《しゅん》が大事です」と、口を開けば旬という言葉を繰り返していました。「旬のものは味がよく、たくさん出回るから値段も安く、栄養価値も一番です」と。今に比べれば、促成野菜もまだまだ少なく、大根や菜っ葉は冬に美味しく、胡瓜やトマト、茄子は夏が美味しいとみんなが当たり前に知っていたように思います。旬という言葉をずいぶん早くから強調していたのは、すでに旬がなくなることを心配していたのでしょう。

そのころにあったもので、今失ってしまったものをあげてみます。

私が小学生の頃、家では胡瓜やトマトを作っていました。朝早く起きて、トゲトゲの胡瓜を洗って棘をとって、塩を振って食べるのが楽しみでした。なにしろ、おいしい。トマトが八百屋さんに並ぶと、「もうすぐ夏休み」だとうれしくなったし、小ぶりなトマトを集めたかご盛りを見つけるたびに、母に買ってもらいました。木箱に入った苺を見つけて、私のお誕生日2月8日のプレゼントとして買ってもらって大喜びでした。それは、はしりものの高価な苺だったと思います。

それが、今では胡瓜から棘がなくなり、胡瓜が身を守るために表面を覆っていたブルームと言われる白い粉もなくなりました（ブルームレスと言います）。トマトは一年中スーパーマーケットにあります。しかし、トマトの酸味、甘味、渋みといったさまざまなグラデーションのある複雑な味わいは消え、単純にすべてが甘くなりました。苺は改良され、甘く大きくなりましたが、春の甘酸っぱい味わいや、内側の芯まで赤いものはなくなって、実を潰すのが楽しみになる柔らかさを失いました。

お天道様におまかせにしていた旬は失われ、自然に影響されない室内で野菜を生産する技術が進んでいます。そういう意味で父の心配を人間のエゴ（経済）が実現したのです。しかし、野菜を育てるために必要以上にコスト（資源）を使った生産は、さらなる地球環境問題を生じさせています。

そんな中、自然に戻って安心できる農業や、自然の摂理を尊ぶ農業の兆しも生まれ、化学肥料を使わない農業の実現も可能になってきています。味のわかる美食家が、名前と姿は同じでも、風味の無いただ甘いだけ、ただ大きいだけの単純な野菜や果物で満足するはずがないでしょう。それでいいというなら、グルメもまやかしです。自然はもっと複雑で、膝を打つような本当のおいしさをもつものは人間にはつくれないもの、お天道様にしかつくれないものなのです。

父、土井勝のこと

公私ともに、父はいつも私のヒーローでした。いつも忙しくしていて、家にいることも少なくて、幼い私は「今度いつ帰ってくるの」とよく聞いていました。とはいえ、充実した人生だったと思います。父との思い出は、テレビ局に一緒に出かけたことはもちろんですが、大きくなってからも食関連のイベントのために大きなホテルに泊めてもらったり、ご馳走を食べに連れて行ってもらったりしました。子供の頃は「パパ」と呼び、中学生になると「お父さん」、料理学校で仕事をするようになってからは、「校長（先生）」と呼ぶようになって、その後、父を「お父さん」と呼ぶことは、そういえば、父が亡くなる直前までありませんでした。

当時、父の仕事と趣味は重なっていたようです。料理撮影では当時第一人者であった、佐伯義勝《さえきよしかつ》先生を「よっちゃん」と呼び、早く撮影が終わると（というか、早く終わらせて）、当時大流行していたボウリングに全員で行く。夏休みになると、日本における料理アートディレクションの先駆者であったデザイナーの林忠《はやしただし》さん（「ちゅうさん」と呼んでいました）や、父の料理書を編む「お料理社」の代表であった藤枝陸郎さんらを良き仲間として仕事をしていました。子供の私にも父の仕事仲間は親しく感じられ、一緒に過ごした（遊んでいただいた）時間は、本当に豊かな時間であったと思います。

父が釣りをしている間、佐伯先生は子供たちの隊長で、改良した車や船に乗せて探険に連れて行ってくれました。林さんはとにかくカッコよく、トランプ遊びを教えてくれました。趣味と仕事は繋がり仕事はチームで協力してやるもの、遊びも仕事もなんでも一緒で団結力があったのです。休みになると、家族ぐるみで河口湖にある富士ビューホテルに集合して、親しく交わりながら思い思いに過ごしました。

格式のあった併設のレストランで食事を共にしたことも思い出されます。朝食はアメリカンブレックファストで、フレッシュジュース、フルーツ（コンポート）、シリアル（オートミール・コーンフレークス）、卵とベーコンやハム料理、パン類（パンケーキ・ワッフル）、飲みものを、サービスに一人ずつ、一つずつ聞かれて選んでいきます。格式の高いレストランでマナーを守って食事を取ることにも、子供なりに慣れていきました。食いしん坊を自認する父の仲間の食べっぷりは、お見事でした。みなさん健康で、とても美味しそうに食べていたなあ。

藤枝氏のご親戚で音楽家の團伊玖磨さんご一家もいらっしゃり、好きな蝶々を連れ立って追いかけ、パスポートを持って返還前の沖縄にもご一緒しました。自宅に招いてくださったことなど、小中学生時代の楽しい思い出です。

一粒のご飯にも神様がいた

高度経済成長中の日本は１９６４年に東京オリンピックを開催し、大成功を収めました。ですが、大きな成長の目標を失い、しばし不況に見舞われ、物価は高騰し生活は厳しくなっていきました。その一方で、父の料理学校はどんどん生徒を増やしていきます。

五輪で「東洋の魔女」といわれ活躍した日本女子バレーで金メダルをとった選手が、東京有楽町にあった父の料理学校で料理を習われて、その後結婚されたと聞きました。

先日再放送された『映像の世紀』（ＮＨＫ）で見たことですが、女子バレーがロシア（当時はソ連）との決勝戦で勝利する喜びの瞬間に続いて、オリンピック直後に市場で買い物をする主婦たちの姿を映していました。「１本30円だった大根なのに、今はその値段で半分しか買えないんです」、それでも「なんとかやりくりして過ごしています」。そう気丈に話す彼女たちを見て、しっかり地に足をつけて生きているなと、美しく感じました。1970年の万博でファストフードやファミリーレストランの一号店ができるまで、庶民が外食の楽しみなど知らない時代です。

小学生の私は、母とよく市場にいきました。出かければ、金魚掬《すく》いができたり、冷やしあめを飲ましてもらえるという特典があったからです。ある日お昼を過ぎてから、市場に向かって歩いていたら、母は「こんな時間になって、恥ずかしいわ」と私に言うのです。主婦は午前中に市場に行くもの、とされていたんでしょう。

私が生まれたのは昭和のちょうど真ん中、1957（昭和32）年。家の前は、未舗装の地道で、大雨が降れば水たまりができて泥まみれ、雨の日は長靴が履けるのがうれしかったなあ。小学生だった60年代は家の近所にある空き地それぞれに名前がつけられ、近所の子供らで集まって三角ベースの野球や、だるまさんが転んだ、など、あらゆる遊びをしました。その後開発が進み、空き地がだんだんなくなって、道路の向こうの端から舗装が始まり、地道を埋めていき、家の前を過ぎて、やがて水が溜まるような地道はすっかり無くなっていく。そんな現場に居合わせました。

我が家では、ご飯一粒でも残すと「バチがあたる」「目が潰れる」と教えられ、出掛けに私のカーディガンのボタンが取れているのを見つけた母が、着たままでちょこっと針を入れるのに、「脱いだ」と私に言わせて、繕った後には「着た」と言わせるのです。今思うとおもしろいですね。着たままで針を入れてはいけないからと、言い訳のような、なにか意味があるのです。

「あとみよそわか」という言葉をご存知ですか？　自分がいたところを離れる時、髪の毛が落ちていないかなどを、ちょっと振り返って確かめなさいという意味です。古い価値観かもしれませんが、そんなおまじないのような言葉がいくつもありました。

それがその後の料理修業の土台にもなっていたと言えるのは、その言葉に大切なことが含まれているからですね。四角いテーブルは四角く、丸いテーブルは丸く拭く。「上のもの」と「下のもの」を区別する。雑巾と台布巾、調理の布巾と食器の布巾をあたり前に区別するけじめは、すべて家で身につけるものでした。ここに書ききれないほどたくさんありました。

もう、勉強ばかりするのは嫌です

小学生時代は、そうして、近所の子供たちと空き地や広場、近くの住吉神社や大きな公園に行って、日が暮れるまでひたすら遊んでいました。虫とりも好きで、夏休みの宿題はいつも虫の標本を提出していました。まだまだ家の周りに玉虫が飛んでいたし、黒い揚羽蝶も飛んできたのです。最近はいなくなりましたが、その頃は大阪にもいろんな昆虫がいたのです。

家に帰ってからも、広間で、チャンバラ、相撲、プロレス、グローブをつけてボクシング。父とはレベルが違いますが、かけっこもそれなりに速くて六年生までずっとリレーの選手に選ばれ、運動会では父の助言で地下足袋をはいて走りました。六年の時のリレーで足が他の選手と引っかかって転んだ時は、悔しくて泣きました。父には走る時の腕の振り方、母には箸の持ち方を改めて教わった記憶がありますが、両親から、「勉強しなさい」と言われたことは一度もなかったと思います。後年、「子供の頃は勉強なんて全くしなかった」と養老孟司先生に話したら、「それがよかったんだ」とよく響く低い声で一言おっしゃっていました。

中学は中高一貫の男子校に入学しました。日常的に小さなテストがしょっちゅうあって、覚えてくるようにと宿題が出て、初めて家でも勉強することを知りました。言われた通りにしていたら、クラスで100点を取るのは自分だけでした。テストがある度に廊下に成績が張り出されて、割と上位に名前がありました。

さらに虫採りに夢中になり、どこにでも大きな蝶採りの網を持って出かけるようになっていました。中学一年の夏には戒厳令下の台湾への蝶々採集ツアーに参加し、そういうことはまだ珍しい世の中で新聞に大きく掲載されました。この旅での料理は口に合わなかったものの、とにかくパイナップルがおいしくてパイナップルばかり食べていました。

中学三年生になるとクラス分けがあって、学年に一つ優秀クラスができました。その中に入ったのですが、勉強だけやっているような気になって、クラスの雰囲気も私の気分も変わってゆくのです。高校生になって担任の先生が「土井はプロレスばっかり見ている」と、メキシコからきた華麗なる覆面レスラー、ミル・マスカラスが大好きなことをなぜか知っていて、突然指摘されました。授業中に何かの問題に答えられなかったからです。今思うとたわいもないことですが、以来どこかおもしろくなくなって、授業が嫌になってゆきました。そうなると、難しい授業にもついていけず、「もう、勉強ばかりするのは嫌です」と担任に一年の二学期には自己申告して、優秀クラスから出してもらいました。多分、別に自分で言わなくても出されていたとは思います。

高校生になると、誰にも言いませんでしたが、自分ではすでに料理の道に進むことを心に決めていました。だから、焦っていました。当時は、調理師学校にも行かず、中卒で料理屋に入り、叩き上げで料理人になる世界がまだ残っていたからです。調理師学校は、料理人の世界では何の役にも立たないと言われていました。となると、同じ道を志す人たち（ライバル）がすでにスタートを切って走り出しているなら、早く自分も料理を始めなければいけないという気持ちが起きて焦るのです。それならば、と本気で思っていたなら即刻学校を辞めて修業を始めていたはずですから、自分の将来にぼんやりとした不安を持っていただけのことですね。

後の高校の成績は、「勉強ばかりはしません」と宣言し、奈落の底に落ちました。学業では低位置を維持していたクラスメイトからテストの結果を聞かれたのは、精神的にも最悪でした。人間はいつも仲間を求めるんですね。とは言え、授業についていけなくなると疎外感が生まれて、かなり苦しいこともわかりました。勉強は適当にでもやっていたほうが楽です。

ポール・マッカートニー命

結局、高校時代真剣にやっていたのは、野球です。軟式野球連盟が主催する、区の野球大会に参加して優勝し、区の代表として大阪市の大会に出たら、その先にある目標は国体になります。が、市の大会になったとたんにレベルが高くなって初戦敗退が精一杯。それでも毎日素振りして、休みのたびにチームの高校野球経験者OBたちと一緒に高校野球さながらの練習や試合をしたことは、料理の仕事をするようになるまでの一番の楽しみでした。

同時に、一生もんの楽しみとなる音楽やファッションに興味が向かいました。音楽は、ビートルズ（特にポール）が大好きで、青春の背景にはいつもポール・マッカートニーが流れていました。アイビーやトラッドといったファッションが好きで、愛読書は『メンズクラブ』、服飾評論家のくろすとしゆきの『アイビー雑学事典』、『Cross Eye』（メンズクラブの別冊でした）のあたり。

二年の夏休みは、カナダのブリティッシュコロンビア大学の長期語学研修旅行に行きました。三年になると、オートバイに乗って、麻雀を覚えて、少し悪さもして、卒業間際に停学になり仲間一同丸坊主の卒業式でした。

料理をやるとなれば、今なら、日本料理、中国料理、フランス料理、和菓子などジャンルを選ぶのだと思いますが、私はただこれから料理を始めると思っていただけで、和洋中区別せず、すべてを身につけなければいけないと思っていました。料理は一生勉強だと周りの大人が言うのを聞いていたからですね。

とは言うものの、卒業後すぐに仕事（修業）を始める勇気もなく、これからは料理をするにも大学は行っておいた方がいいという大人の甘言にのり、推薦だけで入れた芦屋大学に入ります。多くの先輩にならって、父にかっこいい車を買ってもらって自動車で通学、ただのどら息子というわけです。二年生まではサーフィンやディスコのブームに重なりましたから、そういうものも、一応どら息子らしく嗜みました（笑）。それでもフランス語だけはフランス語教師のレバノン人マダムに週一～二回習っていました。

この頃すでに『おかずのクッキング』は始まっていて、テレビ朝日と土井勝が主催する海外旅行がありました。海外の個人旅行が当たり前になる前で、大勢の人が父と一緒にヨーロッパやアジアを旅しました。そうしたツアーに参加させてもらっての私の初めてのフランスは、父と一緒に行ったリヨンのレストラン「ポール・ボキューズ」、パリの「トゥール・ダルジャン」などをめぐる食の旅です。また大学二年生の時には、友達とパリの語学研修ツアーに参加して、授業にも出ず、ユーレイルパスを利用してヨーロッパを旅して周りました。いずれ、フランスにまた行こうと思っていたのです。

『食生活と身体の退化』を読む

そんな頃に、親知らずが痛んで歯医者に行きました。おじいちゃん先生に、隙間から外が見える目隠しをされて、木槌《きづち》で打ちこまれながら親知らずを抜かれるという怖い経験をしました。いい先生がいると教えてもらって、心斎橋の嶽北《たけきた》歯科に行って二本目以後を抜いてもらったら、痛みをあまり感じることなくサラリと抜いてくれました。

嶽北佳昭先生は治療そのものよりも、虫歯にならない予防として歯のケアをしっかり指導し、患者自身が意思をもって歯を大切にするようにしむけます。治療よりも定期検診による予防医療に力を入れて実践する希少な歯医者さんでした。歯のブラッシングは一つの技術ですから習得するのはなかなか難しい。しかも、その日を終える夜に、眠くても徹底して毎日続けなければいけません。嶽北歯科の定期検診と、身につけたブラッシングの習慣は今も変わらず続いています。

そこで、私は一冊の本と出会います。私の料理人生において、画期的な出会いになりました。嶽北先生と出会ってこの本をプレゼントされなければ、私の料理研究の行き先は相当違っていたでしょう。それは、『食生活と身体の退化　未開人の食事と近代食・その影響の比較研究』（W・A・プライス著、豊歯会刊行部、1978年。アメリカでの原書刊行は1939年）で、嶽北先生の師匠の片山恒夫先生が翻訳し、自費出版されたものです。

内容はアメリカの歯科医師、プライス博士のフィールドワークを土台にした論文で、アメリカンインディアン、ニュージーランドのマオリ族、オーストラリアのアボリジニー、エスキモーなどの「未開人」が、入植者（西洋人）が持ち込んだ西洋の近代食に触れて何が起こったかの記録です。（「未開人」と記すのは憚られますが、「未開の人間、つまり原始的な条件のもとで生活を営んでいる部族……」と序文にあるままに記します）。

古来の暮らしを続けている部族の村に、入植者が利用するスーパーマーケットができると、それまでになかった問題が村の中で起こります。自然と適合し暮らしてきた彼らが「文明食」に出会うことで、顎《あご》が十分に発達せず歯並びが悪くなるのです。咀嚼《そしやく》がこれまでのように行われず、親の顔立ちは変わってしまう。人間は伝統ある良き食べ物によって健全な身体が受け継がれるのですね。それが長年問題なく続いて、その継続が安全でもある。だからこその伝統なのでしょう。

食の変化で失うのは親に似た顔形だけでなく、精神的な強さもでした。そうした心身の劣化は、人間同士の友情、生活習慣、価値観、文化にも影響を及ぼします。暮らしの秩序を失い、犯罪が増え、それまでと違う病気も生まれます。

初めて食べる近代食は未開人にとって刺激的で、おいしく感じられたと思います。人間は、知識がなければ楽ちんな方法（便利）を簡単に選んでしまうということも、何より感じます。嶽北先生に聞いたある実験の結果があります。

ドイツ製の哺乳瓶はごく小さな穴が三つ開いており、赤ちゃんは一生懸命吸わないとミルクが飲めません。当時の日本製の哺乳瓶は穴が一つ開いており、赤ちゃんが楽に飲めたそうです。ドイツ製の哺乳瓶を使っていた赤ちゃんが日本製の哺乳瓶に変えると、もうドイツ製のものを使うのを嫌がるのだとか。もちろん、ドイツ製の哺乳瓶を使う赤ちゃんの方が、顎が発達した顔立ちになります。

こうした実験で、人間は生まれながらに楽な方を選択することが見えてきます。この本にはそういった食の負の側面が克明に描かれていて、二十歳の私に食の怖さというものを思い知らせました（古い本なので、その後の新しい発見があるかもしれません）。自然と共にある伝統の大切さ、そして、人間は、よい食べ物を選ばなければならないことを心に強く刻むことになりました。

おかげで、その後どんな仕事をしても、その思いはぶれることはありません。料理は人間を幸福にするもの。食べものは、人間を傷つけるようなものであってはいけない。それはほんとに当たり前のことなのに守られていないのが現実です。なぜなのか、私にはわかりません。当時の日本では、アトピー性皮膚炎も、生活習慣病という言葉さえ、まだなかった時代です。

周りの素敵な人に磨かれた美意識

人生を三つに分けた最初の20年という機先の時代、後年仕事をさせていただく、大切な人と出会っていました。

料理カメラマンの第一人者と言われた佐伯義勝先生とは、父の仕事の後を引き継いでご一緒しましたし、前出のグラフィックデザインの林忠さんには『日本の家庭料理独習書』（高橋書店）を企画プロデュースしてもらいました。これは手応えを感じる最初の私の料理書になりました。

歯科医の嶽北先生には、今も定期検診でお会いしていろいろと教えてもらっています。

それにここには書きませんでしたが、高校生の時から50年近くずっと、今も髪を切ってもらっているのが、最高にかっこいい萩原ミヨ先生（「アトリエ1019」）です。初めて彼女に会った時、高校生の私が着ていたレノマのスタンドカラーのシャツを「いいシャツですね」と褒めてくださったことを覚えています。パリ（50年代にオープンした美容サロン「カリタ」）で身につけてきた仕事への情熱と振る舞いから、美的センスを彼女は伝えてくれ、よい映画やエクスポジション（展示会）など社会にある美の話をいつもしてくれました。

『料理の鉄人』というテレビ番組にフランスの料理人、アラン・パッサールが出た翌日、私の髪を切りながら、番組を見た彼女が「生のフォワグラを手に取るその手の見事さに感動した」とおっしゃった。見ていた私もその通りの気持ちでした。どんな料理を作ったのかは覚えていませんが、彼の手が触れた食材が浄化され、美しくなる瞬間に共感できる人なのです。そうした人との出会いや共感、一緒に過ごした時間は、美しいものを知り、喜ぶ私の感性の芽を刺激してくれてきたことは間違いありません。

振り返れば、料理は技術だけではありません。肝心なのは色々な楽しいこと、美しいものやことを、たくさん経験することだと思います。

第二部

料理って、こういうことなんだ
――フランスでの料理修業

アントナンさんと私（左）、リヨンでの修業仲間と（右）

大学を休学してスイスに

二十歳の時でした。ついに行動に移します。

大学二年の授業を終えた冬、休学して語学を学ぶことを目的にスイス・ローザンヌに渡ったのです。ローザンヌは、アルプスに囲まれたレマン湖岸から立ち上がる急斜面の街。国際オリンピック委員会の本部があって、毎年バレエの国際コンクールが開かれます。街の中心ではカテドラル（教会）の鐘が鳴り響き、美しい中世の姿を残していました。

とはいえこの街を選んだきっかけは、世界一と言われる「エコル・オテリエール・ローザンヌ」（ホテル・観光マネージメント学校）があるから。現地の「エコル・レマニア」というフランス語学校に通うことを理由に長期滞在のビザを受け、小さなキッチン付きのアパートを借りました。現地に来るまでは、自炊もなにも考えていなかったのですが、いざ、ご飯を食べようと思ったらご飯の炊き方さえ知らないことに気づき、母にご飯の炊き方を手紙に書いて送ってもらいました。こうして初めての一人暮らしの生活が始まりました。

ただ「エコル・オテリエール」は、世界中から入学希望者が殺到しており、数年待ちの状態だとわかりました。そこで、柔道家の三上和広さんを紹介してもらい、ローザンヌで開かれていた道場を訪ねました。少しでも早く料理を始めたいと気がはやり相談したのです。地元でも信頼されていた彼の紹介で、五つ星の豪華ホテル「ローザンヌ・パラス」の厨房にサンサレ（無給）を条件に入れてもらうことができました。午前中は学校で語学の勉強、午後はホテルの厨房に入って夜レストランが終わるまで仕事という生活が始まります。

とはいうものの、フランス語も、ましてや仕事もできないのですから、どうなることやら、とにかくはと、コックコートやキッチン用のシューズを買いに行ったのを覚えています。調理場に入ってからは、「なにかすることはありますか？（ケスク・ジョプゥフェール？）」を連発して、少しずつ仕事をさせてもらうしかありません。

語学学校でカンニングは許されるか

語学学校では、日本人が私だけでもあり、ユニークな海外の人たちと学んだ初めての経験の日々は私にとってはかなり強烈で、いまだにクラスメイトの名前を覚えているほどです。

朝、だれかが遅刻すると、教室に入って着席するまでの間は授業がストップです。五カ国語を話すスイスの女性の先生は、「遅れてはいけない」とは言わずに、「他者を考えなさい（ポンセ・レ・ゾートル）」と言葉をかける。他人に迷惑をかけないようにという協調性よりも、自分を認めてもらいたければ他者の存在を認めなさいという、自他を区別し、尊重するといった個人主義を育てる考え方がありました。

クラスには、さまざまな国の生徒がいました。スウェーデンから来ていた親しみやすく明るい女の子ウリカ。彼女のお父さんはサヴォ（木靴）を作る職人でした。彼女とはすぐ仲良くなって、ヴァカンス（夏休み）前には、サヴォをプレゼントしてもらいました。素晴らしく履きやすかったので、夏の旅行中素足でずっと履いて旅をしたほどです。他にも、南米コロンビアの憂いのある女性ソレダ、イラン人の生意気な兄弟、気のいいアメリカのおじさん、ドイツ人のお金持ちの青年（ホテル暮らしをしていました）、明るい気の強いイタリア人女性、もう一人スウェーデン人のブロンドのシュッとした美女スーザンヌ、それにスーザンヌに近づきたがるアメリカの若者、遠いけれど鮮やかな思い出です。

こんなこともありましたっけ。授業のミニテスト中に先生がいなくなった。途端に、イタリアやコロンビア、イラン人の生徒は平気でカンニングをし始めました。それをアメリカ人のおじさんが、戻って来た先生に「カンニングはよくない」と訴えた。先生はといえば、「みんなで考えろ」と言うだけ。率先してカンニングを始めたイタリア人の「わからないことがあればすぐに調べた方が良い」という意見が通り、語学は自分の問題なのだからカンニングしたい人は勝手にすればいいのではないかという結論に。確かに、それぞれが自らのフランス語能力を伸ばせればいいわけで、競争ではない。まあ、その通りですね。

生まれて初めての厨房で

生まれて初めての厨房の仕事、私の料理人生の本格的な始動です。

ホテルの厨房には、私よりもまだ若い十六、七歳のアプロンティ（学校で勉強しながら働く職業訓練生）が、三人いました。そのうちの一人がソーシエ（煮方。調理場の一部門です）のシェフに意見しているのには驚きました。「どうしてその料理にそのソースを合わせるんだ、僕は他の方が合うと思う」。それに対してシェフもきちんと対等な態度で答えます。

白っぽいクリーム色のソースだけでも何種類もあり、最初のうちは、味見をしても私には区別さえつきませんでした。そうそう、伝統的な「テテ・ド・ヴォー」という仔牛《こうし》の頭の料理があります。皮を剝《は》いだ大きな牛の頭が厨房に届いたら、縦にまっすぐ包丁を入れて、真ん中から開き、二つに分けて骨から外し、塩をして、巻いて紐をかけて筒状に成形します。ミルポワ（セロリ、玉ねぎ、人参）とたっぷりのブーケガルニ（タイム、ローリエなど香味野菜を束にしたもの）を入れて煮込むのです。仕込みの最中に、くるりと抜き取った仔牛の大きな目玉を怖がる私をおもしろがって、ぺぺと呼ばれていたアプロンティが調子をこいて、手のひらに乗せた目玉を私の顔に近づけて見せにくるのがほんとうに嫌でした。

トマトソースを煮込むためにプロヴァンスの乾燥ハーブを刻むのも、もちろんアプロンティの仕事ですが、他のアプロンティが私をライバル視して意識しているのを感じるわけです。私は、二本の包丁を駆使して、彼らよりずっと早く刻んでやりました。「包丁二本でやれば早いのは当たり前だ」と減らず口を返してきまして、一様にアプロンティたちは生意気でした。

他人のことは言えず、私自身も調子に乗って失敗をしたものです。大量のトマトの湯むきを初めてやらされた時、少量ずつやるべきところを、いっぺんにやってやれと大鍋に湯を沸かして一斉に入れたら、トマトに火が入りすぎて柔らかく煮えてしまいました。

アプロンティたちは専門の料理学校でフランス料理の基礎を習い、基本のレシピは丸暗記して頭に入っています。フランス式の料理教育はカリキュラムが徹底しており、ディプロマの資格制度を国が作っているのです。例えば、クレープならこの分量でこうつくる、と基本要素が細かく決められており、選抜されてホテルに派遣されてきた彼らは、クレープを100枚焼けと言われればちゃんとこなす手立てを知っています。その彼らと、私は同じような仕事をさせてもらっていました。

書き写しただけのレシピ

料理長はフランコというイタリア人でした。彼はなぜか私を可愛がってくれて、レストランのレシピを書いた自分のノートを私に貸してくれました。フランコのレシピに興味を持って寄ってきたアプロンティたちが、彼の書いたレシピの綴りの間違いを見つけて笑っていましたが、私は一生懸命彼のノートを書き写しました。これがあれば料理は作れると思っていた私は、「もう、これでここに来た目的を果たした」くらいの気持ちでした。その時ただ書き写しただけのレシピは、レストラン内では役立ちましたが、それ以後、結局なにも役に立つことはありませんでした。私は何もわかっていなかったのです。

料理を身につけることは、「料理する」「共に食べる」という経験を重ねるよりほかにないのです。今思うことは、現代のようにさまざまな機械を使い、化学技術を駆使した創作料理が流行しても、「その土地の伝統的な食べ物」を食べる経験以外ないと確信しています。その土地と繋がるのが伝統で、大地と人間が交わって生まれた普遍的なものでなければ、判断の基準にもなりません。見たこともないような創作料理はコンセプトを作った本人以外には役に立たないものなのです。

料理がクリエイションであるとするならば、人の新しい仕事を盗んでもなんの意味もないのはそのためです。料理のクリエイションやオリジナリティの問題は、その後もたびたび考えていくことになります。

私が入って半年ほどしてフランコはやめていき、スイス人の料理長がきました。新しいシェフは、バンケットのデコレーションにする動物のバター細工や、アルミホイルを芯にしたナフキンでシルバープレートをのせる豪華な船（台）を作って、しっかり自分の実力をアピールしていました。

「人間が選ぶ」西洋と「おのずからなる」日本

「ローザンヌ・パラス」のレストランの「グランドメニュー」には、お客さまが選べる単品料理「アラカルト」を軸にしつつ、季節代わりの献立「メニュー」が差し込まれていました。前菜、レマン湖の魚料理、肉料理、野菜料理、デザートに分けて書かれたクラシックスタイルのメニューです。

提供していた料理は、今では超クラシックとなった定番フランス料理と、レマン湖で捕れた伝統の魚料理です。

注目すべきは、肉・魚料理の付け合わせの野菜料理が細かく用意されていたことです。メインディッシュに合わせて、付け合わせを客自身が選択できるのです。「グラタン・ドフィノワ」「ポム・フリット」「ポム・ノワゼット（ソテー）」「ポム・ピュレー」と、定番のじゃがいも（ポム）の料理だけでも何種類もありました。

ヨーロッパでは、自分の食べるものは自分で選ぶのが当たり前です。日本のように、自分の食べる料理を「おまかせ」として、任せてしまうようなことはほぼありません。客自身が選ぶというのが西洋の大前提ですから、アラカルト・メニューのないレストランはあまりフランスにはないと思います。

それは、客の意のままにならない日本の懐石料理とは真逆にある、フランスの民族的な思想によるものです。フランス料理が日本の懐石料理に学んで、「ムニュ・デギュスタシオン（味見コース）」という、色々な料理が味わえるコース料理を取り入れているのに対して、日本では、アラカルトスタイルの懐石料理屋は望まれないようです。

後年、東京大手町にある和食レストランの店舗開発プロデュースをした時に、和食のアラカルトを試みたことがありますが、結局、ほとんどの人がおまかせをチョイスしていました。お店に入ったら何も考えたくないのか（信頼してきたお店であることが前提ですが）、料理の献立は人間が決めるものではなく、自然によってすでに決められているものなのか。私たちにはその自覚さえないのでしょう。「人間が選ぶ」西洋の観念と、「おのずからなる」という日本の観念は真逆です。

五つ星ホテルの超クラシックな厨房

さて、ローザンヌ・パラスの厨房には、近代的な機械は何もありませんでした。前時代的な大きな厨房は左右に長く、前面に立つと、奥の別室にある「パティシエ」（菓子・

アイス）の持ち場以外は隅々まで見渡せました。

厨房の真ん中に木造の電話ボックスのようなシェフルーム（料理長の小部屋）があり、その中に電話や資料を置く机と椅子がある。シェフルームを中心に左側に「ソーシエ」（ソース・煮込み）、右側に「グリエ」（焼き物・揚げ物）、その奥に「レギュミエ」（加熱調理の野菜）の持ち場がありました。それぞれポジション別にコンロ、グリル、天火（サラマンダー）などの基本的な調理道具がありました。

一番奥の壁際にフォン（出汁《だし》）をとる大鍋が並びます。グリエのさらに右側に大きな冷蔵庫がずらり、その前のスペースにバンケット（宴会）などの仕込み場が同じ厨房内にありました。ソーシエのさらに左側にはガラスの仕切りがあり、その向こうは「ガルド・モンジェ」と呼ばれる、サラダや火を使わない肉・野菜・魚の下ごしらえを扱うところです。

ここで、忘れられない私のお気に入りのスイス料理を二つ記しておきます。一つは、スライサー（電動式）で鰹節のようにごく薄切りにしてサービスしていた「ビヤン・セッシェ・ドゥ・グリゾン（よく乾燥した仔猪の生ハム）」です。もう一つは「ソーモン・シユバリエ・フュメ（スモークされた天然やまめ）」で、「ソースレフォール（ホースラディッシュに生クリームを合わせた)」を添えて供されます。この二つの料理は、それ以後食べる機会がなく、今も食べてみたいと思う伝統の保存食です。

ガルド・モンジェには、枝肉が何本も吊るせる大きなチャンバー（冷蔵庫）がありました。私たちは、入荷した食材を下処理して冷蔵庫に収めるところから見られます。オーダーされたメニューによって、一人分ずつ肉をカットしたり、肉叩きで叩いたりして、ソーシエやグリエのシェフに素早くパスします。ある時、ガルド・モンジェのシェフが、枝肉の捌きから始めて大きな骨を外していた時、押さえていた手を滑らせて、ナイフで自分のお腹を突き刺してしまったことがありました。

こうした古いレストラン厨房の仕組みを実際に見ることができました。さらに奥には「パティシエ」があって売れ残ったアイスは賄いになりました。反対側の奥には鍋や釜を洗う「洗い場」があり、水圧の強い熱湯で洗っています。使い終わった鍋を遠くから、ボウリングのように勢いよく床を滑らせて、洗い場にガチャンと投げ込む。これは面白いのですが、洗い場の男は、その都度大声で「やめろ、誰がやったんだ」って怒鳴っていましたね。

床が汚れればおがくずを撒いて、汚れと一緒に掃きとります。料理人が片付けるのは自分の持ち場の作業台やコンロ周りだけで、床やそのほかの場所を料理人が掃除することはなく、ホテルには掃除の専任者がいました。

学校の勉強を終えて昼食を取ってから、ホテルの厨房に戻って私がすることは、ニンニクを刻んで油に浸し、エシャロットを刻んで白ワインに浸し、パセリを微塵切りにして、大小のブーケガルニをつくって、ソーシエやレギュミエのミゾンプラス（素材の下処理）。ガルド・モンジェのサラダ作りやヴィネグレットの仕込みが終われば、厨房とサービスの賄い作りを手伝いました。5時に賄いを食べて、一段落すると、夜のサービスが始まります。

バンケットは大きくても数百人ですから、日本のホテルの数千人の宴会をこなす厨房とは全く違います。たまに、お客様が連れてきた犬のためのオーダーが入り、その肉の焼き加減にまで指定がありました。時代的にコンベックオーブン（ヒーターとファンで加熱する調理器具）などはなく、木のまな板も使っていました。なんでも手作りする原始的な厨房で、これ以後、こんなクラシックな厨房を見ることはありませんでした。

日本を離れた初めての一年間

ドカ雪が降ってとても暇な日のこと、誰かが歌い出すと、つられてみんながリズムをとって合唱になります。イタリアのシシリー島から来た出稼ぎのお父さんと一緒に大量の芋の皮むきをしたり、アフリカ移民の家族写真を見せてもらって驚いたり、なまりのあるフランス語(スイスロマンド)を話す同僚と仲良くなって発音が変になって学校で注意されたり、いろいろなことがありました。私にとって初めての厨房はとてもあたたかいものでした。

今思い出しても、ローザンヌ・パラスは、美しいホテルでした。当時は従業員用の通用口から出入りするだけで、お客様が利用する豪華なロビーに入ったこともありませんでしたが、いつかこんなホテルに自分の力で泊まれるようになりたいなあと思ったものです。その三十数年後、家族とスイス旅行で実現できたときは、うれしかったなあ。

一年間日本から離れるなんていうことも、初めてでした。特にみんなが集まるお正月、実家に電話したときは、ほんとうに帰りたくなりました。外国に行った理由の一つは、自覚していた「あかんたれ(弱虫)」を治したいと(密かに)思っていたからですが、なかなか。

アパートを見つけることも、学校の入学手続きも、仕事を見つけることも、職場で仕事を手伝わせてもらうことも、ここではなんでも自分でやらなければなりませんでした。そんな当たり前の実現が自分にとっての目標でした。ヴァカンス中、チューリッヒの湖のほとりにある「フィッシャーズ・チューブ（漁師の家）」というレストランで仕事をして初めて給料をもらった時は、ちょっと晴れがましい気持ちになりました。そうして、二度の冬をローザンヌで過ごし、春に帰国しました。

伊丹からタクシーに乗って大阪の帝塚山《てづかやま》の実家に近づくと、家の前の道がこんなに狭かったのか、と驚きました。それに、近所の家の植え込みに車のライトが当たってとてもきれいに映りました。生まれてからずっと住んでいた家の周囲が美しく感じられ、まったく違って見えたのです。仏壇にただいまとご挨拶をして、庭を背にして居間に座ると、母が小袖盆に色絵の湯呑みでお茶を出してくれました。その光景が不思議なくらい美しく、しばらくじっと見つめるより仕方がありませんでした。

よく、海外に出ることで日本の良さが初めてわかると言う人がいますが、全くその通りだと思います。養老先生のお話によれば、同じものが全く違って見えるというのは、自分が変わったということなのですね。違う暮らしがあること、違うものの考え方があること、違う価値観があることを知って、初めて日本が見えるようになってきたのです。私にとっては、スイスから帰国したこの瞬間にもまた、大きな意味があったのです。

神戸「ビストロ・ド・リヨン」

帰国後、「これからの時代は、いちおう出ておいたほうがいいんちゃうか」と大学に戻り、神戸にあった「ビストロ・ド・リヨン」で卒業まで働きました。スイスのホテルでは床掃除や洗い物をしてくれる専任者がいましたが、ヨーロッパと違って日本では、料理人もサービスも掃除します。それまでは鍋どころかグラスさえ洗ったことがなかったので、私にとって洗い場の仕事は簡単ではありませんでした。

一番後から入った下っ端の私が鍵を開けて、玄関や植え込み回り、トイレ、サロンの掃除まですべて済ませてから、調理場に入ってまかないの食事を作ります。それは自分が作った料理を人に食べてもらうことを実感する初めての経験でした。トイレ掃除も私にとっては初めてのことでした。

まかないに使える材料はいつも決まっていて、冷凍のマトンロース、玉ねぎ、にんじん、ジャガイモ、標準米、味噌、醤油などの和洋の調味料でした。同じ食材を使って、硬いマトンロースも挽肉にしたり細切りに叩いたりすれば、和洋中の味付けの肉団子（ハンバーグ）になんとかなりました。ミンチカツ、八宝菜、酢豚（マトン）、コロッケ、クリームシチュー、一週間に一度の休みの前日は、カレーライスかハヤシライス。

ここでは献立というよりも何か一つメインになるものを作っていました。私にとってはフランス料理を覚えるよりも、このまかない作りがとにかく大変で、父の本を買ってきて寮で読んでレシピをメモしては作っていました。早起きして手打ちうどんを打ったこともあります。

ここでは厨房とサービスを交代でやります。きれいなサロンに立って料理を説明し、オーダーを聞いて（その場で覚えて）調理場に通し、調理場に調理のタイミングを指示するサービスの仕事もまた面白く感じました。パンは、サービスの者がオーブンで温めて出すのですが、慣れないうちはよく焦がしていました。いくつもの作業を同時にするのが当たり前なので鍛えられました。こういうことは若いうちに身につけてしまわないと対応できないように思います。

レストランで使うごく薄いワイングラスは、スポンジや拭き取りの布が少しでも引っかかるとパリンと割れます。私が洗い場に入った時、シェフが大切にしていたそのグラスを3個連続で割ったときは、まいったなあ。

仕事が終わって、ブラシで床を掃除します。気合を入れ、いい音を立てて床磨きができるようになった時、シェフが「ブラボー！　ドイ」と言ってくれた時もうれしかったなあ。仕事を少し覚えて、言われなくても少しできるようになった頃でしょうか。ぼんやりとしていた世界に輪郭が生まれ、仕事にしっかり向き合える感覚が芽生えました。

自覚していた弱い自分

私の後に後輩が何人も入ってきたのですが、思うようにならないことや認められないことが不満で、一、二週間でやめていく人が多かったです。私も、技術面では頑張れたのですが、これまでの甘やかされた生活との差に愕然《がくぜん》として不意に力が入らなくなり、床掃除を一人でしているときに絨毯の上に寝っ転がってしまうようなことがありました。でも、厳しいところに身を置くことでしか、自覚していた弱い自分を鍛えることができないことだけはわかっていました。結局、神戸での一年間は掃除とまかないの日々でした。

同時に、レストランにあったフランスのスーパーシェフたちの本をみんなで眺めてワクワクしたものです。誰からも具体的なことは教わらないけど、先輩たちの間に身を置き、朝から晩まで調理場にいることで何かを感じ取り、少しは成長できたかなと思います。

この後私はフランスに行くことになるのですが、その実現はこのビストロ・ド・リヨンのオーナーシェフ山崎氏によるものでした。山崎氏の時代は、単身フランスへ行くのにも相当な根性が必要だったはずです。フランスで働ける職場を探し、仕事を介して信頼を得て推薦をもらい、さらに良いレストランを自力で目指す。そして帰国後レストランを開業。いくつもの大きな困難を乗り越えられたのだと思います。

ビストロ・ド・リヨンの先輩たちもみんなフランスに行きたいと願っていたに違いありません。私は、山崎さんとの縁をつないでくれた父のおかげで、望むまま努力なしにフランスにいく道を作ってもらったのです。

食の都リヨンのシンボル「ポール・ボキューズ」

リヨンは、歴史的にフランスきっての美食の町です。大きな川が交差する交通の要衝で交易も昔から盛んで、繊維工業で働く労働者も多く住み、豊かな経済力が背景にありました。リヨンのレストランは、こうした労働者のために、腕利きの母親がレストランを作ったところから始まるようで、「メール（mère、フランス語で「母親」の意）」と冠がつくお店は何軒もあり、私も「メール・ギイ」という比較的大きな、バンケット（宴会）の多いレストランでしばらく仕事をしました。

ここもクラシックでシンプルな料理を出していました。鶏のクリーム煮といえば、鶏の皮目を色づけない程度に炙って、クリームを入れて煮込み、しばらくオーブンに入れて火を通し、最後に強火で煮詰めるだけ。それから骨を除いて盛るのです。付け合わせはクリーム煮にはボイルしたじゃがいも。グリルした鶏には、ポム・パイヤソン（千切りにしたじゃがいものガレット）をその場で焼いて添えました。今思い出しましたが、死後硬直した野うさぎの毛皮を山ほどむく仕事には閉口しました。足を腱で切り落とし、腹側に切り込みを入れて剝き取るのですが、毛皮が張り付き、固くて剝がしにくいうえに臭いが強いのです。

リヨンは、ボージョレ、ブルゴーニュ、ローヌ、といったワインの生産地が近く、ブレスの鶏肉やシャロレー牛といった肉の名産地も近い。ルネサンス時代以来、イタリアから入る人で文化や金融が栄えてきました。今に至るまで、つくる人も食べる人も揃っている街なのです。

特筆すべきは、リヨンにはフランス料理の象徴的存在、レストラン「ポール・ボキューズ」があることです。ポール・ボキューズはまさにフランス料理を世界に知らしめた人物（1926年生まれ。2018年に91歳で死去）で、1959年から自身の生家のレストランを継いで、1961年にはフランス国家最優秀職人章（フランス政府が料理人に授ける「MOF」と呼ばれる称号）を受章し、1965年にはミシュランの三つ星を得て、以来50年以上も三つ星を冠し続けました。1975年には料理人として初めて、レジオンドヌールの勲章を受章しています。

ちなみに、ミシュランは1926年から星をつけ始めましたが、その7年後に三つ星を取ったウジェニー・ブラジェールは初めて三つ星を取った女性で、その彼女こそがポール・ボキューズが自分の意志で選んだ初めての師匠でした。

ミシュランの多くのシェフたちが利用する、最高級食材が得られる市場「アール・ド・リヨン」が、「ポール・ボキューズ市場」と名前を変えるほどに彼はリヨンの名を高め、フランスにおけるレストランの意義を深め、職業を超えて多くの人からの尊敬を受けています。現在の料理人の地位があるのも彼のおかげで、世界中すべての食関係の人は、彼の恩恵を受けていると言って過言ではないと思います。

日本でも、多くの料理人は写真に写るとき腕組みをしますよね。その始まりはポール・ボキューズでした。でも、彼の腕組みの意味は間違って理解されています。腕組みは基本的に拒絶を意味しますが、彼の場合は腕を重ねて忠誠を誓うスタイル、もしくは、人の心を受け入れる穏やかなポーズなのです。

フランスにおける一汁一菜、野菜スープとチーズとパン

リヨンでお世話になったのが、アリックス夫妻です。夫のマルクは、レストラン「ピラミッド」（ポール・ボキューズ、トロワグロ兄弟、ルイ・ウーティエなどの偉大なるシェフたちを輩出した名店）のフェルナン・ポワンに、ポール・ボキューズと共に師事した彼の兄弟子に当たる人で、「ＭＯＦ」を受けたリヨン料理界の重鎮です。マダム・アリックスは同じレストランでのサービス担当でした。

当時は、ボキューズらが提唱したフランス料理革命と言うべき「ヌーベル・キュイジーヌ」でフランス料理に新しい風が吹き込み、グランシェフ（レストランの総料理長）が次々生まれた時代ですが、その中でもアリックスさんはリヨンの長老的存在でした。

私は、リヨン郊外のブロンという町にあるアリックス夫妻の家に居候させてもらい、レストランに通う日々を過ごします。アリックス家で過ごす休日は、温かいフランス人の家庭生活を知る良い体験にもなりました。滞在はレストランの仕事が目的でしたが、今思うとアリックスさんが私を家族のようにしてくださり、日常の家庭料理と大勢で食べる日曜日の料理の違いを知ったのです。

日曜日には、アリックスさんの息子のボブ夫妻が可愛らしいヤンヌ（男の子）とガエル（女の子）を連れて帰り、みんなで食事をします。日曜日のディナーのメイン料理はローストしたお肉ですが、それ以外の食事は、グランシェフといえども、慎ましい食事をされていました。

食後はリヨンの街中までみんなで、映画を見に行ったり、ドライブしてお墓まいりに行ったり、マルシェに行ったり、マダムと一緒にケーキを焼いたり。少女時代のソフィー・マルソー主演の『ラ・ブーム』や、黒澤監督の映画『乱』もこの時に見ました。日本の厳しい農民の姿を描く新藤兼人監督の『裸の島』など、海外で見た日本映画はどれも心に残りました。

毎日食べても飽きない、持続可能な食事といえば日本では「一汁一菜」「汁飯香（味噌汁・ご飯・漬物）」ですが、フランスにおける一汁一菜は、「パンにチーズに野菜スープ」です。硬くなってしまったパンも野菜スープに浸して食べます。他には、ときにサラダや日曜日の残り肉が添えられるくらいで、季節の果物が食卓にいつも用意されていて、食べる人が自分でテーブルナイフを使って剝いて食べます。

毎日の野菜スープは水で煮る

毎日の野菜スープの作り方はシンプルです。

玉ねぎ、人参、セロリを刻んでバターでしんなり炒めてから、小切のじゃがいもと一緒に水をかぶるくらい、鍋に入れて強火で煮立てます。野菜はその時々のものをプラスします。強火で煮立てることで、油脂と水が乳化してトロリとなります。あとは塩コショウで味付けをして出来上がり。

ローストチキンの残りの骨でスープをとるような場合もありますが、普通の家庭にはスープストックがないので、野菜スープは水で作るのが基本です。

フランスでも日本でも、当たり前ですが、すべての料理は水から始まります。日本は豊かになって日常的に昆布や鰹節などが使えるようになったおかげで、むしろその使用が基準になり、味噌汁を作るにも出汁《だし》が必須だと考えるようになったのは、間違いです。

出汁のおかげで、料理は手間のかかることになり、なんでも「おいしさ」を基準にものを考えるようになりました。

本来は水だけでいいのです。すべての食材から滲《し》み出る水溶液も広い意味でだし汁です。すでに、濃い旨みに慣れた舌には水っぽく感じるかもしれないですね。野菜の甘みやベーコン、バターの油脂が水と乳化して底味を作り、その時なりの食材の自然にまかせておけば、おいしさは出来上がります。人工的においしくしようと思えばいくらでもできるのですが、毎日の家庭料理にそんなものは不要です。

違いを愛するフランス流の寛容

日本でお膳の上をきれいに拭き箸や茶碗を揃えるように、アリックス家では、というよりも多くのフランス家庭では、食事となれば、ナフキン、グラス類を整えて並べます。パンを切ってバスケットに入れ、スープ皿に野菜スープをよそいます。熱い野菜スープを前にしてカリカリと胡椒を挽き、バターをついでに落とすかはお好み次第、準備ができたら、いただきます。

つまり、スープは自分の好みで加減して食べるものです。年齢や体力、経験によって嗜好が違うのは当たり前で、家族一人ひとりが適当に、いい塩梅に好みの味を作って食べる。個人の好みや考えを尊重するのが大前提です。脂が入っていて冷めにくいので、ゆっくりと時間をかけて楽しむことができます。

日本でも、私の子供の頃の食卓には、醤油、ウスターソース、食塩、炒り胡麻、七味、味の素、梅干し、佃煮などが、ふつうに置いてありました。それで各自が適当に調味料を加えても問題なかった。今の日本では作る人がつけた味を尊重するようになり、食べる人が味を整えてはいけないと考えて調味料を補うことをしなくなった。それが逆に、家庭料理を作る人のプレッシャーになってしまっています。

フランスはじめ欧州では、今も多くのレストランのテーブルに塩、胡椒が置かれています。三つ星レストランで使う人はほとんどいないと思いますが、装飾的な意味でなく実用として置いてあります。食べる人が作る人を尊重するように、作る人も食べる人の自由を尊重するのです。

それはフランス人の「個人」に対する寛容（トレランス）の精神の表れで、個人の自由や趣味、考え、そして人権を尊重するためのものです。自分のスープにはいくらでも塩や胡椒を振ってもいい。その振る舞いに、他人の嗜好や思想を認め、違いを愛する姿勢を示すのです。個人の尊厳を守る権利は政治に関わる問題ですね。自分を尊重してもらいたいなら、他者を尊重しなければなりません。その反対もまたしかり、です。

「食べる人」の意志は尊重される

フランスでは、そもそも子供が大人の行くようなレストランに行くことはまずありませんが、ヴァカンスに訪れた海のレストランでは小さな子供を連れた家族にしばしば出会います。見ていると、小学三年生くらいにもなると自分で選んだ料理をしっかり食べています。

メニューも、お客さま本位に選びやすく作られていて、客自身がまず魚か肉料理のメインディッシュを選んで、それに前菜、副菜などを組み合わせます。前菜、魚料理、肉料理、野菜料理（付け合わせ）、デザートの項目に複数の料理が記されているのが「アラカルト」です。自由に組み合わせるのですから、メインディッシュを二つ取っても、前菜に魚料理を食べても、前菜やデザートを二つ選んでもいいのです。フランスで「メニュー（ＭＥＮＵ）」というと、決まった内容のコースあるいはセットのことで、リーズナブルな定食（Menu du jour）を指すことが多いです。

星付きレストランに行き、美しいサロンに案内され、真っ白なクロスがかかったテーブルの正確な位置に銀のカトラリーが美しく並ぶ様を前にして、顔が隠れるほどの大きなグランドメニュー表を読むのは、幸せな時間です。自分で食事のストーリーを作る、とまではいかなくても、目当てのメインディッシュの前に何を食べるべきか、とりあわせを考えてバランスを整えつつ、魅力的なメインの別の一皿の誘惑に負けそうになる。サービスの今日のおすすめに、いっそメインの一皿を変えようか、バランスを崩してみようかと悩み、考えることそのものが楽しいのです。悶絶《もんぜつ》し、様々な可能性を探るのです。たった一度の食事ですべてを味わうことなど、できるはずがありません。また来れば良いと考え直して、ようやく理性を取り戻します。それでも最善だと思う料理に決着するまでに30分はかかってもおかしくはない。

料理が決まれば、ソムリエとワインの相談です。これまた、時間がかかります。アリックスさんは、医者にお酒を控えるように言われていましたが、赤ワインだけは問題ないと毎日飲んでいました。星付きレストランに来るような客は、時にソムリエよりもワインに詳しく、年配のマダムが「この赤ワインは氷水で30秒冷やしなさい」とソムリエに指示するようなシーンにも出会います。

すべて決まったら「さあ食べるぞ」と揉み手をして料理を待ちます。朝から何も食べずにお腹を空かせておきます。レストランの食事は一年に何度もない特別な時間です。多くのフランス人にとってめったにない機会ですから、幸福なひとときを楽しむためにお腹を空けて備えて、男性も女性に合わせてきちんと身嗜《みだしな》みを整えて出かけてくるのです。

彼らは、自分が選んだものを安易にシェア（分け合い）しません。家族でピザ屋さんに入っても、それぞれ一枚ずつピザを注文して子供もペロリと食べてしまいます。習慣として、すでに取り分けられた料理を、さらに分け合うことはしない。

また一方で、特に有名シェフがいるレストランでは、その一皿がシェフの作品ですから、一皿のすべてを一人で味わって、初めて作品の価値がわかるのです。一皿をきちんと食べることが料理人に対する敬意だと考えています。自分が一生懸命考えて注文したものをしっかりと味わうなら、主題の違う料理を混ぜこぜにしないほうが良いのです。

音楽でも同じだと思います。半分だけ聞いて味わったことにはなりません。確かに客の立場では好きなように食べれば良いわけで、そう深く考えなくとも良いと思いますがいかがでしょう。

豊かな中国人が三つ星フレンチレストランで、自分達の国の習慣を持ち込んで、すべての皿をテーブルに並べさせ、勝手気ままに手を伸ばして食べるのを見たことがあります。レストランが立場上客の要求を尊重してくれたとしても、違う文化がぶつかり合っている不自然さは感じてしまいます。むしろ、料理本位で考えて、フランス料理を食べる時はフランス文化、中国料理を食べる時には中国文化の考え方をすべきなのです。料理の一皿、あるいはコース料理には、それぞれシェフたちが考え抜いたコンセプトがあることを知っておいてください。

人間中心主義から生まれたフランス料理

フランスにおける、家庭料理とレストラン料理の区別について加えておきます。イタリア料理はマンマの料理と言われるように、基本的には家の料理もレストランの料理も違いはありません。フランスのレストラン料理もそもそもはママの料理です。いや、世界中の料理がそうですね。

とはいえフランス料理にも区分があります。都市の「レストラン」には、きちんとサービスを整えたレストランの他に、ブラスリー（居酒屋）、ビストロ（伝統的なクラシック料理店）、また、リヨンには、料理自慢の母親が始めたブションⅰ（大衆食堂）があります。地方に行くと土地の食材を生かした、伝統的なレストランも、星付きのレストランから、土地の人が利用するカジュアルなレストランまで様々です。今では、若いシェフによる創造性の高い料理を売りにするビストロやブラスリーもあるので、単純には区別しにくくなっています。それでも違うのは、レストランのオーナーやシェフの料理コンセプトに至る創造性と伝統のバランスによるものです。

　美食の国、フランスにはどの地方にも伝統的な食品があります。ワイン、チーズ、バターやオリーブオイル、ハムやサラミ、ソーセージ、蜂蜜やジビエ、祝日に食べるトリュフやフォワグラ、土地にある季節の野菜やハーブ、自然塩、牛肉、鶏肉、豚肉などです。これらは、何もしなくてもそのまま味わえるもので、日本の味噌、醤油、漬物のように生きる土台となる料理です。それらはフランス料理のバックボーンであり、農業国フランスの将来に引き継ぐべき財産（大地の芸術）です。そうした伝統の食品は「人生の喜び」という意味で「アール・ド・ヴィ」と言われています。

　レストランで生まれたフランス料理という美意識は二つのベクトルに分かれていて、一つはフランスの大地に根ざすもの（アール・ド・ヴィ）で、もう一つは、人間（シェフ）

のクリエイションから生まれる新しい料理です。近年はとくに後者に向かう傾向があって、オリジナリティ、人と違うことが重要視されます。それは、フランス人の哲学の土台が、人間は創造し続けるところに意味があるという、人間中心主義にあるからです。不完全な自然を人間が完全なものにするという、人間を中心にした哲学をもとにしているから料理は芸術化され、科学的にも発展してきたのです。

しかし、進化するにも、地球の未来を考慮せずにはいられません。事実、「気候変動問題への意識の高まりから、生産過程で多量の温室効果ガスが排出される食肉よりも、菜食を選ぶ人が世界で増えている」(毎日新聞22年1月11日)というニュースが流れてきました。

料理をしながら食べる伝統文化

彼らの食べ方を見ていると、ナイフとフォークに慣れているとはいえ、食べる姿を眺めている私の方が楽しめるほどに美しいものです。それは、(スープは手前から向こう側に動かしてスプーン7分目くらいの量を掬って、口に運び音を立てないでいただくといった)紋切り型のマナーではなく、型にはまらず自由に振る舞いながらも、テーブルボイス(他のテーブルに迷惑をかけない程度の話し声トーン)を守り、他者にはけっして、嫌な思いをさせない、そして、男性の立場でいえばあくまで女性を敬うという、本質を踏まえているからです。決まり事であるナイフとフォークの使い方も同じで、右手にフォーク、左手で小さなパンを持って補助に使ったり、左右を持ち替えたり、フォークの裏表を自在に使うのです。フォークの背に危なっかしく乗せて、口に運ぶなんて使い方をフランスでは見たことがありません。

後年、食事学を研究するうちに気づいたことですが、ナイフで切って、フォークを使って食べるという行為は、まさに料理をしながら食べている、と言えます。目の前に置かれているプレート（皿）は、実は「まな板」なのです。

西洋では肉の塊のまま火を入れます。食べる人自身が、まな板の上で食べやすい寸法に切り、スパイスやソースを絡めて調味し、野菜を付け合わせます。切ることや味付けは調理ですから、食べる人も調理に参加しています。作る人と食べる人の調理の共同作業があって料理になるのです。

食事とは、自分で判断し、他者との関係を健全に維持することで、人品をはかられ自身の生きていく力を育てる場になる。つまり、食事は、そもそも自立していなければ実現できないのです。そんなことを彼らが常時意識しているかはともかくとして、当たり前にそれをおこなっています。

それは、日本の食事文化と比較することでわかります。料理して食べる食事という行為は、自然と他者の関係から生まれる自我（身体も脳も含めて）の発露ではないかと思うのです。そういう意味で、クリエイティブなシェフによる食事とは、味わう行為以外の食事の全てをレストランに委ね、観客として、娯楽的また芸術的に楽しむ場となっています。そこに、レストラン評価という文化も生まれたのです。

ちなみに和食については、食べる人はそもそも料理の全てを調理する人に委ねているのです。むしろ、自然と静かに向き合う場として、加工度の極めて低い料理から、自然の移ろいと作る人の目には見えない心を知り、読み取っていきます。それを積極的に味わい、学び、楽しむ場として生まれたのが茶事（懐石料理）です。

一人で旅して食べる

話が後先になりましたが、私には様々な形で海外に出る機会がありました。仕事の隙間が数日あれば、安いチケットを買って、とりあえず飛行機にのるのです。着いてから宿を探すといった一人旅です。一人だから、待たされても、トラブルがあっても気になりません。何をしなければならないという目的がないところに思いがけない発見や喜びがあって、おもしろいのです。

旅で出会う人気のお店は高級レストランではないので、隣の席とかなり近くに詰めてテーブルが並べられて、テーブルごとグーッと大きく片側に引いて間を開けないと、席に座ることも立つこともできないほど。そうなるとおのずから客同士の距離は近くなります。しかし、地続きのヨーロッパでは、隣の人が何者であるか、良い人か悪い人かは、わかりません。日本ではどこか安心していますから、そうした感覚は海外に行かなければわかりませんでした。誰が座っても安心であれば、隣人に興味を持つ必要もありませんから無視もできますが、ヨーロッパでは隣にどんな人が座るのかはわかりません。

ですから、とりあえず座ったらまず、隣の人の顔を見て微笑み合うことで、互いに安心して初めて落ち着けて、それをきっかけに言葉を掛け合うこともあります。「おいしそうなものを取ったわね。ここの料理はおいしいのよ」「今日は娘と一緒に来たの」。素敵なマダムたちのさりげないお喋りは品がよくって、とても良い気分で食事ができるのです。

どこの国もおそらく女性の方が愛想がよいものです。男性のフランス語は何を言っているのかわからないこともあって、声の通りの良い女性の言葉はよくわかる。勝手に、言葉がよく理解できるフランス人は良い人だなんて思ってしまうこともありました。

あまりに意地悪なフランス人に「他の人の言うことはわかるのに、あなたのフランス語だけは全くわからない」なんて言い返したりね。これは結構効くようです。フランスでは自己主張というよりも、こちらが「牙を持っている」ことを見せておく必要がたまにあります。フランスでも、失礼なヤツを黙らせるには、感情がこもる大阪弁で言い返すに限ります。

フランス人の多くが食事を自身の人生と結びつけて大切に守り、人間交流の場としても考えています。分相応、年齢相応の食事の場（お店）を選び、おしゃれして出かける。そして「かっこよくきれいに食べることを意識する心」の豊かさは、見習うべきところでしょう。

当時、フランス料理を志す若者はフランスに行き、星つきレストランで食べられるだけのお皿を注文して、ユネスコの世界無形文化遺産にも指定されたフランスの美食文化を貪《むさぼ》るように味わいました。

食べる力がないと料理人には向かないとも言われて、あの店であれを食べたという経験は、宝物を一つ手に入れたような価値にさえ思えたのです。レストランのテーブルに着いてメニューを眺めて、そのお店のスペシャリテをまず選ぶ。その次は自分の知らない料理、食べたことのない料理を優先してオーダーする。そして、目の前に運ばれてくる一皿が、自分の知っている、ないしは理解できる料理であればホッと安心し、理解できない、わからない料理がでてくるとショックを受ける、ときに、落ち込むこともある。そんな食べ方ばかりしていたのです。料理を部分的に見て、分析的に食べる。それが修業中、料理のすべて、何もかもを知らないといけないと思っていた頃の勉強中の私の食べ方でした。

本当を言うと、それではあまり楽しくありません。自分が食べたい料理を注文できるようになるのは、どうでしょう、五十を過ぎて自分の立ち位置を確立してからでしょうか。それまでずいぶん時間がかかったように思います。

アラン・デュカスのファンになる

モナコの「ルイ・キャーンズ」のシェフとして、史上最年少で三つ星を獲得したことでも名高いアラン・デュカス氏は、五十歳で引退を宣言していたジョエル・ロブション氏の指名を受け、パリのロブションのレストラン「ジャマン」があったその場所に、

1996年、鳴り物入りでレストラン「アラン・デュカス」を開業します。

さっそくその夏の確か7月、私はその美しいサロンで一人で食事をしました。彼が考え抜いた田舎風の肉の煮込み料理をまず選んで食べました。パリのレストランにはふさわしくない、ましてや三つ星レストランには、という否定的な評価も多く議論が話題になったものですが、その料理こそ、パリ進出におけるアラン・デュカスのコンセプトだったのです。たとえるなら「肉じゃが」を洗練させたようなものでした。そうした意外性、フランス人なら誰もが知っている料理を彼流に革新することでの三つ星評価です。

当時はまだレストランの予約が取れないということもなくて、「また明日も来る」と言って二日連続で訪れました。二日目はヴァカンスの始まりの日で、全て魚介だけのおまかせ料理のコースを選びました。これほどまでに洗練された料理を食べたことはそれまでありませんでした。パーフェクトという言葉がふさわしい。

その場で、レストランで販売されていた、彼の本を求めてサインをしてもらいました。彼の年齢は私よりも一つ上ですが、すでに見上げるような存在でした。この二日間の食事ですっかり私はアラン・デュカスのファンになりました。

それまでの基礎を壊して構築し直したような、彼の哲学入りのレシピから多くのことを学んだと思います。スープストックをとる時には、ブーケガルニ（セロリの葉、パセリの軸、タイムとローリエの束）を必ず入れることが基本です。入れるものと教わって、入れるものと思ってしまった私は、何を考えることもなく、ただそうしていたのです。ところが、彼の本を読んでいたら、スープストック（フォンドボライユ）にブーケガルニは入れない、入れると凡庸な味（banale goût）になる、とあったのです。この一行は私にとってかなり衝撃的な言葉で、ガツンと目を覚まされました。ガツン。

一人旅は、訪れた街や人と100％向き合うことができます。見聞きし、感じたことは、そこにいただけで自分の身体にいつまでも、今も残っているように思います。

ヌーベル・キュイジーヌと大阪万博

フランス料理は日本料理とは真逆で、幸田露伴の妻が、「西洋料理とはつまるところ、上へかけるものの料理……」と言ったように（と娘の幸田文が書いています）、素材よりもソースに重きを置いています。それもバターやクリームをたっぷり使った重いソースがご馳走とされていたのは、油脂の濃厚味こそが美味とされていたからだと思います。贅沢な肉の脂身を食べるのは貴族、野菜は農民が食べるものといったステータスの違いから生まれた上流階層に対する羨望が食にあらわれていたのです。

古典的なフランス料理からヌーベル・キュイジーヌに至る変化の兆しは、1970（昭和45）年の大阪万博、その頃の日本とフランス料理界の交流にありました。万博をきっかけに、フレンチのシェフが続々と訪日します。

彼らは滞在中、最高のフランス料理を伝授する一方で、最盛期の築地を見て、美しい懐石料理を始め日本の食文化をぞんぶんに体験しました。築地では、魚の種類と量の豊かさ、鮮度の良さに心底驚いたことでしょう。特に日本の鮮度保持の技術の凄さは、優れた料理人であればあるほどわかるはずです。鮮度の良い大量の魚が、仲卸《なかおろし》によって右に左に運ばれ、威勢の良い声が響く築地にあった得体のしれないパワーに圧倒されたとも思います。

彼らが口を揃えて「魚市場なのに臭いがない」と言ったことは、いみじくも日本の食のあり方を捉えていました。魚調理の技術に驚きながらも、まだまだ、生魚の寿司よりも天ぷらや神戸ビーフのすき焼きを好んだと思われるのは、彼らにとって、生の魚を食べること自体が理解の範疇を超えた食文化だったからです。油脂を使ったソースの味に比べて味のない出汁や豆腐のおいしさも、その当時ではあまり理解されていなかったと思います。そして、今でもまだその傾向はあると思います。いまだに日本料理は総じて「ファッド」、物足りないと思われているのです。

私が帰国後に修業した大阪の「味吉兆」でも、お造りが食べられない外国のお客様には、代わりにバター煮（たっぷりのバターを鍋に溶かして泡立ったところで切り身に軽く火を通す）をお出ししました。

とはいえ、来日したポール・ボキューズは、日本におけるフランス料理研究の第一人者で、辻調グループの創設者でもある辻静雄《つじしずお》（1933〜1993）の案内で、繰り返し、湯木貞一《ゆきていいち》（「吉兆」の創業者、1901〜1997）の吉兆を訪ね、懐石料理を味わったそうです。美しいプレゼンテーションと素材の色や歯切れの良さ、フレンチとの違いを大いに観察したことでしょう。

1972年以後ボキューズは、辻の調理師学校で教鞭を執り、日本との関係を深めていきます。そして銀座にレストラン「レンガ屋」をつくるのです（現在はありません）。私も高校生の時に父に連れられ、スープポットをパイ生地で包んで焼きあげる有名なトリュフのスープを食べました。肉に添える粒マスタードのおいしさもここで知りました。私が渡仏したのは、その味を経験してから4〜5年先のことになります。

フランス料理と日本料理の出会い

フランス料理の話を続けます。

フランスでは政府主導でフランス料理を芸術化する世界戦略を長らく展開し、世界の料理界の中心にあり続けています。その彼らは、どんなものを食べてきたのか。

一羽の丸鶏を姿のままに調理し、銀のプレートに美しくガルニチュール（付け合わせ）とともにシンメトリーに盛り込み、客の目の前で切り分け、個別の皿に取り分ける。これが、18世紀頃に洗練された宮廷料理の形です。そもそも狩猟民族は、獲物を仕留めて持ち帰り、火にかざして塊のまま焼き、男性が肉を平等に切り分けました。肉を分け与えることで権威を示したのかもしれません。家庭で客をもてなす時も、大きな肉の塊のままローストして切り分ける伝統的な食事のスタイルがあります。

「レストラン」とは元々「回復させる場所」の意味で、食べる場所、美食をする場となるには誕生から数世紀かかりました。今の形につながるのは、レストランが革命後のパリに登場してからのようです。都会的な憧れの場としての「レストラン」の登場によって客の要望に答えるアラカルト料理が生まれ、火入れした肉を厨房内で切り分けて注文に応じて皿に盛り分ける、効率よいサービスが始まります。結果として、一皿の上にある肉とソースと副菜の関係が深まり、その関係性においてそれぞれの食材やソースにも意味が生まれていく。

フランス料理の進化は、サービスの合理化や分業化によって加速し、1960年代後半から、「新しい料理」という意味の「ヌーベル・キュイジーヌ」がポール・ボキューズらによって提唱されます。辻氏に招かれて来日したポール・ボキューズは、素材を活かす日本料理に大変な影響を受けたのです。

それまでのフランス料理といえば、インゲン豆さえクタクタになるまで煮込むのが当たり前でしたが、色よく歯切れを残して茹でるようになりました。「大地の食材の料理」をキャッチフレーズに、その日に市場で出会った食材で、出来立てを最高のコンディションで提供する。食材の持ち味を壊さず生かす日本料理のように瑞々《みずみず》しさや彩り、歯応え（食感）にまで意識を置くことで、フランス料理は大きく変わりました。氏の直接的な日本料理への言及はありませんが、かつて、レストラン「ポール・ボキューズ」の公式ホームページには、名だたるスペシャリテと共に、「歯切れを残したインゲン豆の軽いバターソテー」という記載がありました。私はそれを、日本料理へのオマージュだったと思っています。しかし、ボキューズの死後見てみると、残念にも刷新され無くなっていました。

芸術になったフランス料理

「ヌーベル・キュイジーヌ」誕生は、フランス料理の革新的なできごとでした。市場の料理と言われた素材のフレッシュ感を生かすばかりか、プレートを一枚のキャンバスに見立て、視覚的な表現が生まれたのです。シェフたちは食べ合わせ（マリアージュ）の優れた料理を皿に並べ、美味の構造を立体的に完成させました。そうして、フランス料理界の歴史に残る名料理が生まれました。

「ヌーベル・キュイジーヌ」という言葉自体は、フランス料理の歴史では何度か使われていますが、1970年代に「ゴ・エ・ミヨ」というレストランガイドがボキューズについて使ったものが最も流布しています。伝統的な正餐《せいさん》に対して、軽やかで繊細な、それでいて華やかな盛り付け方に特徴がある料理を意味します。ヌーベル・キュイジーヌの時代を飾る名料理を思いつくまま記してみましょう。

メール・フィヨウの「ブレス鶏の豚の膀胱包み」、ポール・ボキューズの「黒トリュフのスープ」「すずきのパイ包み焼き」、トロワグロ兄弟の「サーモンのオゼイユ風味」、ベルナール・パコーの「赤ピーマンのムース」、ベルナール・ロワゾーの「カエルのもも肉のニンニクのピュレー添え」、ミシェル・ブラスの「ガルグイユ」（何十種類もの土地の野菜・山菜を一皿に盛り込んだ野菜のお料理）など、まだまだあります。

ヌーベル・キュイジーヌの一つの極みが、故ジョエル・ロブション（1945〜2018）の「ドットの首飾り」（と勝手に私はそう呼んでいます）の一皿です。料理の周囲にソースを搾りだしてドット（点々）を描き、真珠の首飾りのように仕立てたエレガントな一皿です。一皿一皿に心を込めて作った証として、首飾りを彼の料理のシンボルとしたのです。「フランス料理は芸術だ」と世界に認識させるに十分なインパクトがありました。

そうした歴史に残るような偉大な先人の名料理は、彼らを敬愛する他のシェフたちのレストランでも提供されています。もちろん作者の名前を添えて、自分なりに解釈し直した形で提供するのです。それは偉大な功績を残した人間を尊敬する人間中心主義の文化からくるものです。一皿の料理も歴史になって、客は好んでそうした料理をチョイスするのだと思います。日本ではそうした例はありませんが、それは自然に寄りそう、自然中心主義の日本料理だからです。日本料理については、次章に譲ることにいたしましょう。

コース料理という楽曲アルバム

シェフたちは、アラカルトメニューに載せる一皿一皿に思いを込めてきました。ところがその傾向は1980年代ごろから変わってきています。それは、30年ほど前の「ムニュ・デギュスタシオン」というのが、その始まりであったと思います。

近年で有名なところで言えば、東京の三つ星レストランの「カンテサンス」では「一つのメニュー」しかありません。客は、アレルギーや食べられないものを聞かれ、問題がなければ全員が同じものを食べるという「おまかせ」スタイルです。

良くも悪くも、その日の「自分のベストを食べてくれ」というシェフのメッセージでもあります。カンテサンスでは、何も書かないメニューを見せられるのですが、フランス料理の世界では、そのプレゼンのスタイルこそが発明であり、議論すべきクリエイションです。日本人ならコース料理、おまかせ献立に慣れていますから、別に何も問題を感じません。しかしフランス国内ではこういうお店のスタイルはありません。自分で食べるものはメニューを見て自分で選ぶべきだからです。

フランスだけではありませんが「人と同じではない」ことが世界では評価されます。

人間の個性は多様以上に無限で、誰もやっていないことというのが重要です。ビストロやブラスリーなど定番料理を出すお店と、オリジナル料理を出すレストランの違いはそこにあります。

地方のレストランなら、主人やマダムにとって常連客とは友人でもあります。メニューにはない料理でも、頼まれて作れるものなら作ってもらえます。星付きレストランでも同様で、体調や体質、習慣によって、相談すればその場でシェフ自ら作る一期一会のスペシャル料理が食べられるかもしれません。客を尊重して食べたいものを食べてもらうことを前提にする欧州では、メニューからアラカルトをなくすことは難しいのです。

とはいえ、昨今のフランス料理でコース料理が増加傾向にあるのは、新しい料理表現の可能性を目指す流行りからでしょう。新しい表現とは料理のコンセプトです。コース料理の始めの一皿から最後の一皿に至るまでに流れる、リズムや変化の美しさです。アラカルトとコース料理の違いは、音楽における、シングル曲と、楽曲が一つにまとまったアルバム表現の違いでしょうか。アルバムにはコンセプトがあって、全体の流れ、曲と曲のわずかな間にも思いが込められるように、コース料理全体を総合的に評価する時代になっていきます。しかし、そうなると心に残る「この一皿」というものがなくなりかねない。「この一皿」とは、毎年季節の訪れを楽しみに、わざわざ足を運んで食べにいくというお料理です。

影響し合い、グローバル化する料理

フランス料理での表現の変化は日本の懐石料理をヒントにしたのではないかと言われることがあります。以前と比較して、懐石料理のようにポーションが小さくなり、品数が単に増えてきただけではありません。社会が豊かになってきて、油脂の旨さに頼るだけの料理から、一皿の中の構成力による楽しさやおいしさを求めるようになり、さらに、さまざまな食材の食べ合わせや、一つの食材を際立たせる力といった進化が、おのずから懐石的な品数、あるいは多様な器といった形に進化してきたのだと思います。

懐石料理の献立には、季節や時間表現というストーリーが自然に盛り込まれ、その土地柄、天候や客の年齢嗜好を想像して工夫されます。そのような食事のあり方は、亭主の一期一会の思いを献立という形に表した茶事の懐石料理に本来あったものです。

懐石料理は、そもそも茶人による茶事の食事から生まれました。茶事は、本来は火おこしから始まり、その火で調理した食事をお酒とともにいただいて季節と客の関係性を築いた上で、濃茶や薄茶に至ります。濃茶や薄茶を大勢で飲むイメージが一般には強いようですが、実はそれは茶事の全体から言えば一部分のことなのです。

茶室の床の間にかける掛け軸は、季節の花とともにあって、茶事の主題となります。そのコンセプトにふさわしい道具が、亭主によって選ばれ、美的に取り合わされます。茶事がおこなわれる間、それらの用いられる道具は話題の中心にあるのです。そもそも懐石料理は、亭主やその妻が自ら包丁を持って拵《こしら》えたのが始まりです。そういう意味で懐石料理は家庭料理から始まりますが、その茶人の手間を代行したのが料理屋です。彼らが茶事仕事を取り入れて、懐石の道具を用いる「おまかせ」という料理屋スタイルの懐石料理が作られていくのです。

フランス料理のコースとは、オードブル（スープ）、魚料理または肉料理、添えられる野菜料理、チーズまたはデザート、の三〜四皿で構成されるものです。それが懐石料理のように十皿以上にもなると、一皿の料理の分量は自ずと少なく、味わいも軽くなるはず。一皿の量が少なくなると、大きなプレートは不要になります。

そのために、フランス料理に限らず、スペイン、北欧の最先端のレストランでは、ボール状のもの、変形したもの、クリスタルや土物まで使うようになりました。器の形状や変化の楽しみも料理に取り込んできたのです。ナイフは用意されても使わず、スプーンを使って食べるお料理が多くなっています。

こうして、フランスなどヨーロッパの料理と日本料理が影響し合い、グローバル化したということでしょう。

料理とは何かを学んだロワイエット村

リヨンから東へ約50キロ、当時人口1500人くらいの小さなロワイエット村に、ミシュランガイド一つ星のレストラン「ラ・テラース」はありました。リヨンから車を走らせると、村の入り口になっていたローヌ川の橋からは、教会とレストランのテラスが見えました。狩猟シーズンにもなると、このレストランには、リヨン周辺の食通たちが評判のジビエ料理を求めてやってきたのです。

ジビエは、洗濯屋さんなどの生業を営む隣近所の村人たちが猟犬を連れて森に入り、撃ってきた山鷸《やましぎ》（ベカス）や鶫《つぐみ》（グリーヴ）をレストランに届けにきます。オーナーシェフのジェラール・アントナンさんはそれを買いとります。そうしたジビエはすぐ食べないで、まず傷みやすい腸を抜き取り、紐をかけて冷暗所にぶら下げ一週間ほど寝かせます。アントナンさんはジビエのスペシャリスト、頃合いをみて、一つ一つの鳥のお尻に鼻を当てて、香ばしいにおい（熟成臭）から、熟成具合を見極めます。貴重な山鶉が食べごろになれば、待ちかねていた親しい客や友人に、電話をかけて知らせるのです。予約が入ればその日の分だけ、羽をむしり取り、成形します。料理人みんなで、厨房の奥のスペースで車座になって羽をむしり、小さな鶉は力を入れすぎると皮がむけてしまうので、ピピッと素早く、力を入れずに手を動かして羽を抜き取ります。3ミリほどの散弾銃の弾を抜くのも忘れてはいけません。日差しが入って明るくて広い調理場には猟犬が寝そべり、アントナンさんの子供たちも遊ぶ穏やかな時間がありました。仕込みを終えてお客様を待つお昼前、足元まである黒いコートを着た神父さんがバスケットを抱えてやってきます。シェフは簡単なサンドイッチを作って、毎日神父さんに持たせてあげていました。

アントナンさんは森のキノコ採りにも連れて行ってくれました。「森に入ったら、猟師に標的と間違われてはいけないからいつも声を出していなさい」と教わりました。そのうちに、山鶉を珍重する昔ながらの食べ方を話してくれました。「森の中で鋭角的に速く飛ぶので仕留めるのは相当難しい」「山鷸を食べる、それは喜びだった」「山鷸は野鳥の中でも香りが強くて特に珍重された」「食べる時には、頭の上から大きなナフキンをすっぽり被って、匂いを逃さないようにして食べたんだ」「山鷸の羽は良いペン先になる」「ペン先を家に持ち帰ると山鷸を食べたという証明になるんだ」なんて、森を歩きながらさまざまなことを教えてくれたのです。

藪の中に入り込むといろいろなキノコが採れました。傘の裏側が紫色をしたピエブルー、明るい狐色のシャントレル。しゃがみこんで探すと、地面を這うように連なってキノコが並ぶ光景はグリム童話の挿絵のような景色でした。一時間もすれば、大きな手提げ籠はキノコでいっぱいになりました。

調理場に持ち帰ったキノコはきれいに洗って水切りし、油で軽く炒めてから、コリアンダー、ワインやビネガーで煮て、「ションピニオン・ア・ラ・グレック（キノコのギリシャ風）」という、日持ちの良いオードブルになりました。

サラダの扱いはこのレストランで覚えました。材料になるサラダ菜は近所の農家の畑に採りに行って、内側の柔らかい葉だけを使い、外側の固いところはウサギの餌にします。ちなみに飼っていたウサギは時々テリーヌ（テリーヌ型に入ったパテ）になりました。

サラダ菜は葉を一枚ずつ手にとって、ナイフを使わないで手のひらで裂くように形を整え、水を溜めた水槽に落としていきます。色や形の違う数種類を組み合わせ、左右の水槽に水を溜め、右から左、左から右にと、常に水を換えながらていねいに土を落とす。市内のビストロでサラダを作っていた時は、目の粗い金属製の水切りかごに入れて、外に出て腕をグルグルと回して水切りをしたものですが、ここでは、軽く水切りしたら一枚ずつ重ならないように白い布の上においていき、もう一枚の布でふわりと抑えて、お風呂上がりの赤ちゃんの肌についた水滴を拭うように、水分を完全に取るのです。

サラダ菜が折れてしまうと、普段はとても優しいアントナンさんが、驚くほどに熱くなって、なぜダメなのかを説明しながら怒ります。時折見せるシェフたちの激しい感情こそ料理への情熱でした。そうして丁寧に扱われて出来上がったサラダは、見たこともないほど美しい、繊細なものでした。

朝のうちに牧場から直接運ばれてくるミルク、これに藁《わら》が浮いているのは、搾りたての新鮮さの証明です。冷蔵庫に入れないでそのまま鍋にこし入れて、火を入れてアイスクリームのアングレーズソースを作るのです。

洗い場にいたスペイン人のおばさんと生のままでイチジクを食べていたら、お前たちは野蛮だ、と言われましたっけ。イチジクは生で食べずに、皮ごと半割りにしてバターでソテーして砂糖を加えキャラメリーゼ、ラム酒でフランべして、作りたてのアイスクリームを添えたデザートになったのです。

ロワイエット村周辺の森や畑の食材がレストランに直接運ばれてきて、冷蔵庫に入る暇もなく料理して、お客さまに出来立てがサービスされる。それが当たり前のこととされる日常に、自然と人間の間で行われる連鎖の中にいるという実感がありました。週末ともなれば満席となって賑わい、忙しいアントナンさんを村の人たちが手伝いに来るようなレストランでした。私は、わかった気がしました。

料理とはこういうことなんだ。

新しいフランス料理は素材重視

レストラン・ラ・テラースは、地元の素材を生かしたシンプルな料理が多かったと思います。アントナンさんの料理には素材に対する思いが表れていました。例えば、魚を海藻とともに蒸しあげるだけの料理がありました。ヌーベル・キュイジーヌがボキューズらによって提唱されるまで、フランス料理には蒸し料理はなかったのです。

ソースもユニークで、ローザンヌのホテルで見たあらかじめ仕込まれたソースではなく、その都度つくります。えんどう豆の茹で汁を出汁にして、煮詰め、バターモンテして乳化させる「野菜バター」などがソースとして用いられました。

肉はオーダーが通ってから焼き上げて、取り出し保温し、鍋に残った油脂を捨てて、強く熱したところに酒類やフォン（肉骨などのだし汁）を加え、煮詰めて乳化し、クリームで伸ばし、バターで仕上げます。そうして出来上がったソースをアントナンさんは小さなミキサーにかけて、ソースに空気を入れて軽くしてから肉や魚に添えたのです。

このように、80年代はそれぞれのレストランで、フランス料理がより軽いものを求めて洗練されていく時代でした。自然の光の輝きを描いた印象派の絵のように、ヌーベル・キュイジーヌは、濃厚さ一辺倒だった料理の世界に自然の持つ軽やかな光を表現したのです。アントナンさんがいつも、「変化することが大事だ」と語っていたのを思い出します。

シェフたちは市場でリンゴを買うにも一つ一つ手にとって匂いを確かめ、素材を見極めて買っていました。姿形よりも、味に注意していたことがよくわかります。よくテレビで、畑で素材をがぶりとかじる料理人を見ますよね。それは、この時代のフランス人シェフたちがやって見せたことです。日本の料理人はそこまでダイナミックな行動をとりませんが、素材を生かすという最も日本料理的な考えは、なにも日本だけにあるのではないのです。

ただし、その後の加工の仕方が、日本のそれとはずいぶん違う。一言で言うなら、フランスの表現は生々しい素材をそのまま受け取るセンスです。見た目の姿形よりも、中身、野菜や果物の匂いやときに臭み、そして雑味も味とするのです。そうしたものも、ドレッシングや加熱する際の油を用いることで、マスキングされるのです。苦味の強い山菜を天ぷらにして食べるのと同じです。日本では、そうした春の苦味以外は水サラシやあく抜きをし、雑味を無くしてから調理して仕上げるので、やり方が違う。日本の文化は生々しい自然を嫌うのです。

皿に飾られたエディブルフラワー（食べられる花）に黄色と紫色のものが添えてあれば、二色を区別して味わうことをみても、彼らの感性は、私たちと違って、わずかな「違い」にも注意がいくようです。今、西洋化してしまった私たちが失いつつあるのは、西洋にはない純粋できれいな味を求める感性です。日本の私たちにとっては、それは生き方そのものだったはずです。これは後にまたお話しすることになると思います。

よき料理は自然とつながっている

「レストランの仕事はね、利益が出る時と、利益がまったく出ない時があるんだよ」とアントナンさんは話していました。それを料理人の責任とされていたように思います。自然と家族に囲まれた彼の料理人人生は喜びに満ちていました。自然に囲まれたこのレストランには温かさがありました。

自然と人間の間に料理があるというあたり前のことを教えてくれたのです。森にキノコが生え、野鳥が飛び、畑には季節の野菜や果物があって、調理場で愛おしみつつ、下ごしらえする。料理ってこういうことなのだと、実感できました。

このアントナンさんは、三重県の伊賀にお住まいの陶芸家、福森雅武《ふくもりまさたけ》さんをどことなく思い出させます。伊賀焼の「土楽窯《どらくがま》」の御当主で、先日もＮＨＫの番組取材でお邪魔したところですが、自然の産物を丁寧に食べて暮らす日々を送っておられる。あの鍋を使うとその慈愛を感じられるのです。白洲正子さんをして「生活と仕事が分離したところに美しいものは生れない」と言わしめた方です。食生活が自然に寄り添っていると生活全般にそれがにじみ出ますよね。そういう人は、国を問わずいらっしゃるんでしょう。

ほんとうに美しいもの、ほんとうにおいしいものは、経済と関わらないところに生まれるのだと思います。

1991年になり、ロワイエット村へ『おかずのクッキング』が主催したフランスツアーで訪ねました。その時、アントナンさんは、レストランの前にテーブルを並べて真っ白いクロスをかけ、猟師が仕留めた鹿や野鳥、季節の野菜、果物、ワインなどをディスプレイして迎えてくれました。その日の感激は忘れません。

おいしさだけではない料理の価値観

一流になるためには芸術に関心を持って美に触れるべしと、フランス料理を志すものならだれもが教わることでしょう。名門の料理学校であえて教えなくとも、そうした美への関心は日常の会話や生活文化から感じ取ることができます。

「ガストロノミ」という言葉は、美食術（学）と翻訳されていますが、2010年にユネスコの世界無形文化遺産に登録されたフランス人の食の概念です。「ガストロノミ」とは、単に贅沢なおいしい料理を食べることではなく、よりおいしく食事をする慣習で、自然との恵みとの調和、料理とワインの組み合わせ、食器のセッティング、マナーなどと共にある食事文化ですから、フランス人のアイデンティティそのものです。日常の生活の中に当たり前にある人生の哲学を礎にして、芸術と生活を結びつけているのです。

料理を芸術だとするなら、より一層の進化と意味が求められるのは当然です。純粋芸術は日常を超えたところにありますが、一方で料理はどこまで進化したとしても、その特性が日常と非日常にまたがり、あまりにも現実的なおいしさや、安心・安全という日常的な必然性からのがれることはできません。そのため料理の芸術性は理解されにくくなるのです。しかし料理の意味、価値は、おいしさだけでは決してないのです。

後で詳しく話しますが、日本の懐石料理は自然と人間が交わることで生まれる情緒性を第一にし、人間のつけた味をさほど問題にせず、むしろ振り切っていました。現代になって、その手綱を緩めることになったのは、西洋の価値観に支配され、それを純粋に楽しめる客が少なくなったからだと思います。

一方、フランスの高度なコンセプトを持つレストランでは、明快なスタイルとコンセプトが先にあって、それを客が認めコンセプトを目的化することで、ガストロノミが発展します。レストランでは客がそのテーマを読もうとしなければ、単においしいかおいしくないかで終わってしまうからです。どんなインスピレーションを受けたか、どうやってスタイルやコンセプトをつくりあげたのか、偉大なシェフ、グランシェフたちの情熱は、偉大なファッションデザイナーやアートなどのクリエイターと同じです。

アラン・パッサールは、子供の頃から親しんだ見事なローストの焼き手であった母親に敬意をもって「原初的調理としてのローストの可能性追求」を創作しました。北の海に面したカンカルという町のオリヴィエ・ローランジェは「海と大航海時代に夢を馳せて」。ミシェル・ブラスは植物学者らしく「故郷ライオールにある自然植物の持続への注意と人間の最適な関係の可能性」、ピエール・ガニェールは、「前衛画家ポロックのアクションペインティングのように伝統を破壊するイメージ」、ジョエル・ロブションの「考え抜いた技術を集約した丹念な表現の実現」。そして、ミシェル・ゲラールは「ハーブと、現代女性の健康と幸福」。ポール・ボキューズは「牧歌的な狩猟民のアール・ド・ヴィ（暮らしの芸術）への敬意と洗練」を表現しています。彼らには、それぞれブレない独自の料理とスタイルがあります。

料理には、商標登録も著作権もありません。それは食の楽しみである味覚と嗅覚が、最終的には言語化できないものだからでしょう。しかし彼らのアイデンティティと誇りは、人間中心主義に発展した他者への敬意と知恵の共有によって守られているのです。

第三部

料理の「顔」と「目的」を見極める
——「味吉兆」で学んだこと

中谷文雄さんと私

日本料理がわからないと自覚する

フランスを後にし、82年に帰国した私は実家に戻り、料理教室で父の料理番組の撮影などメディアに関わる仕事のアシスタントを始めます。すでに二十四歳になっていました。

夏の始まりのそんなある日、父にぬか漬けを盛るように頼まれます。父は家でお手伝いを頼むような何気ない感覚で頼んだと思います。しかし私には大きな出来事になりました。今の私がどなたかに盛り付けのコツを聞かれたら、「自分の思うように、食べる人が食べやすいように普通に盛ればいいですよ」と答えるでしょう。

それは本当にそうなのですが、その「普通に盛る」とは何か、そこが私にはわからなかった。どの器を選び、どのように包丁をしてどう形づくるのか、それを判断する何の手立ても私にはなかったのです。この「わからなさ」がその後の料理人生で、常に問題となるのです。とはいえ、その時はただただ、途方に暮れました。父の盛り付けの上手さには定評がありました。料理には道理があるし、盛り付けには、良し悪しがあることも知っていたのです。何かしら手順を踏めば到達する可能性を知りつつも、その手立てが私には何もない。ショックでした。お漬物を前に、手も足も出ない。

そのとき、自分は和食を何にも知らないと自覚したのです。なにもできない自分に、頭がクラクラして上気し、脂汗がタラタラと流れました。日本料理がわからないことがわかったのです。そのとき日本料理屋で修業することを決めたのです。

思い立ってから、京都、高瀬川沿い西木屋町にある「瓢正《ひょうまさ》」さんに、食事に行きました（母が何かを思って連れて行ってくれたんだと思います）。「瓢亭《ひょうてい》」（400年の歴史を持つ、京都の老舗料亭）で料理長をされていた方が、「瓢」の一字をもらって独立されたお店です。鯛の笹寿司が有名で、ご存知の方も多いでしょう。

そのカウンターでご主人の仕事を見ながら食事をいただき、魚を扱う「手」や、お椀を洗われる「手」を見て感心し、こういうところで仕事をしたいと思ったんです。ご主人の手は、フランスでは見たことのないような優しい料理をする人の手でした。私にないもの、足りないものはこれだと思ったのです。

その日はそのまま帰ったのですが、翌日は一人で出かけ、ご主人に直接「ここで仕事させてほしい」とお願いしました。小さなお店で居場所がないこと、タイミングが合わず無理だということでしたが、それから、間を置いて、もう一度お願いに行きましたら、ご主人が言うには、うちではおせち料理もしておらず仕事の幅が狭いから、ここで勉強することはないですよと丁重に断られましたが、「がんばりなさい」と最後にしっかり手を握ってくれたご主人の柔らかい手を今も忘れていません。

その後、京都の別のお店に決まりかけて、私もそのつもりでいたのですが、結局ご縁があって大阪の「味吉兆」に入りました。「吉兆」創業の地である大阪・北堀江の土地で、予約だけの料理屋として「味吉兆」の新店舗が開店したばかりでした。

味吉兆主人・中谷文雄

味吉兆の主人、中谷文雄《なかたにふみお》は、吉兆創業者の湯木貞一の右腕、湯木をして味付け日本一と言わしめた、吉兆で総料理長的役割を果たした人です（以下、敬称を略させていただきます）。ご存知の通り、湯木は私たちが今「日本料理」と呼ぶものを完成させた人物です。控えめに言っても、和食料理人、日本料理屋で、吉兆の影響を受けていないものはないと言えます。

湯木自身は、調理場の調理台に座布団を敷いて座り、調理場全体を見渡している存在で、実際にそうしていたのですが、中谷のご主人は神戸や大阪を中心に、その後京都や東京などに吉兆が店を構えるときはいつも、立ち上げから先頭に立って働く立場でした。吉兆出身の料理人が独立することもありましたが、親族以外で、湯木貞一から吉兆という名をもらって、暖簾分けを許されたのは「味吉兆」の中谷文雄だけです。その活躍ぶりが次世代に語り継がれる、レジェンドです。なにも言いませんでしたが、父もこの人ならと思ったはずの方でした。

ですから、運よく「味吉兆」に入ることができ、私は幸運でした。はじめてご主人にお会いした時に志を聞かれ、「ええ仕事がしたいんです」と答えたのを覚えています。ご主人は「フェッショナルにならなあかん」と返事をされました。何のことって、すぐわかりましたがこれが「プロフェッショナル」のことなんですね。

「味吉兆」の堀江店と大丸心斎橋店（現在は閉店）で仕事をさせていただきました。ここでは皆が、「ええ料理」「ええ仕事」を心に置いて仕事をしていました。曖昧な言い方ですが、「ええ料理」とは結果だけではなく、そのプロセスや考え方、すべての行為や物事の良否の基準を含む万能の言葉でした。それは調理場だけに向けられたものではなくて、洗い場のパートさんにとってはお客様のために器を丁寧に扱ってきれいに洗うという意味になりました。

何事においても、ただ「ええ料理」を求めて「ええ仕事」をする瑞々しい空気がありました。今でもそんな言葉が通用するのかわかりませんが、当時は「ええ料理」「ええ仕事」の一言で十分。そういった意識を皆が心においていた料理屋でした。なにかの用事で外に出る時にも、味吉兆と刺繡の入った割烹着を着ていることには誇らしささえ感じて、自然と胸を張っていたように思います。

調理場の厳しさがもたらす心地よさ

懐石料理の調理場では、煮方（椀もの・煮物などの仕事）、造り場（魚の仕事）、焼き場（焼きもの・揚げものなどの仕事）、八寸場（前菜・酒肴・冷菜などの仕事）というポジションがあって、お弁当やご飯・漬物、水菓子（果物）など作業特性（水の仕事、火の仕事、お料理が出る順序など）に応じて、分けられていました。

当時の吉兆では、それぞれのポジションの長がスペシャリストとなり、必要がなければローテーションはせず、それぞれの場を同じ人が長く担当しました。しかし、日本料理の技術というのは長く仕事をして本質をつかめば、ポジションに拘《かかわ》らずなんでもできるようになると思います。

味吉兆の調理場に入って間もない頃のこと、こんな出来事がありました。煮方と造り場では仕事の内容が違うので、時間のあるとき手伝い合うことで、他のポジションの仕事に触れられて、身につけられます。造り場の長が煮方の十（歳）以上も年の離れた後輩の仕事を手伝っているかと思ったら、「その目はなんだ」とパーンと手で頬を払ったのです。それでも煮方の若い子は「殴ってくれはってもいいですけど、高野豆腐はきちんと絞ってください、お願いします」と繰り返す。それを聞いた私は心が熱くなって、「ええとこに来さしてもろた」とワクワクしました。男女や年齢の区別なく、ゆるい態度を一切許さない矜恃があったんです。

手を抜くこと、材料を無駄にすること、横着な物言い、自分本位な態度。そういった甘えは一切許さない。その空気が味吉兆という料理屋全体に張り詰めていました。高い志が、皆の心を一つにしていたのだと思います。

「すっとこどっこい」と叱られる

ご主人はみんなを集めて訓示するような人ではないですが、皆に聞こえる独り言には金言があふれていました。「男でも女でも人間は可愛げがなかったらあかん」「いい先輩にならなあかん」「いい後輩になりなさいよ」「周りの人に助けてもらえるように愛されなあかん」「聞いた（予約を受けた）限りは、あんじょうせなあかん」。

じっと、腕組みしているときに出る言葉は「猿のしょんべんや」。この意味は「気（木）にかかる」ということなんです。気合いの入った調理場には、けじめのついた言葉がありました。「お料理お願いします！」という女将さんの声を合図に、色鮮やかに自然（趣向）を取り込んで盛り込まれた料理が、調理場から座敷に運ばれて行くのです。「料理を運ぶんやない。（調理場の）勢いをお座敷まで運びなさい」と、お姉さんたちの後を「はよ行きや、はよ行きや」と、お料理が座敷に入る直前まで追いかけて行くんです。「おどひん（土瓶）お願いします」「席前でお願いします」といった大阪の料理屋の言葉が飛び交い、鈍臭いことをして「このすっとこどっこい！」と本気で叱られるのも楽しく、芸妓《げいこ》さんに「お兄ちゃん、気張りや」なんていわれると、まるでテレビドラマの中に入り込んだような気持ちでした。

お客様が帰られて、ホッとひと息ついた調理場は充足感に満ちていきます。問題があっても深刻にはならず、それでいて命がけの一瞬がきらりと光る。そんな場所でした。忙しい最中に発せられる、ご主人や女将さんの言葉が大好きでした。そうした言葉が調理場のリズムになって、「地団駄を踏む」の類の身体的な言葉で、ほんまに大地につながって湧き出てくるような、音が愉快な関西弁の世界がありました。昔の言葉は、地面（地球）と繋がっているんですね。

丁寧でも上品でもないかもしれないけど、言葉に魂があるんです。同じことを言うのでも、ご主人は言葉を意識して選んでいたんだと思います。雰囲気を作るその場に合うた言葉があるんです。今私が、フードプロセッサーを「ヴィーン」（使うとそんな音がするでしょう）と言うのも、ご主人の言葉でした。外国から来た機械を怖々使うのではなくて、機械を自分のものにしていたことがわかります。

「全力でする仕事」と「ええ加減にする仕事」

新人が仕事を身につけるためには、ともかく一生懸命やることです。若いうちにしか身につけられない物事があると思うのです。料理屋に入った当初の私の課題は、「いつでも全力で仕事すること」でした。真っ直ぐ立つこと、すぐ反応すること、即座にエンジンをかけて仕事に心を込めること、技術を身につける以前にすべきことです。

床掃除でモップをかけるにしても、調理台を拭くにしても、腹に力を入れて、いつも全力で向かいます。加減をしない全力ですから、固くしまったガラス瓶の蓋を開けようと思いっきり力まかせに瓶をねじって割って怪我したり、勢いよく開いて（少々老朽化した）冷蔵庫の扉を外してしまったり、水道管を折ってしまったり。その時は自分で水道管を買ってきて直しましたけど、思いがけない事故は起こるもの。そうするうちに加減がわかってくるんですね。

全力で仕事していると、体力がついてきて身体が正確に動かせることを実感できます。少し余裕が出てくると、先輩の動きと、自分の身体の使い方（音やリズム）の違いに気がつくのです。力任せにするよりも、力を抜いて、床のタイルの目に沿って縦横に磨いたほうが実際きれいになるとわかる。手が自由自在に動いて合理的な作業ができてくると、仕事は楽しくなってくる。鍋磨きも同じで、力を入れて磨くよりきれいにしてやろうと思えるようになると、タワシがいい音を立てて鍋が光り出す。そうなると、鍋や道具にも愛情を持てるようになってきます。調理場や道具をきれいに手入れしておけば、不思議なことに、仕事に追い込まれた時に道具が味方してくれ、自分（の仕事）を守ってくれていると感じるのです。

吉兆の仕事は、いくら時間がかかっても手を抜くことはもちろんなく、そして、今日やるべき仕事を明日に残すこともありませんでした。

包丁を握って、同じ切り物を同じ姿勢で2～3時間続けることも、しょっちゅうありました。長時間同じことを続けるには、いい姿勢を保たないとできません。食べられるものをゴミ箱に捨てることは、まずありません。春の筍の切り落とし（堅いところや形の悪い部分）や厚く剝いた蕪《かぶ》の皮なども、ごく薄く剝いで（薄く削ぎ切ることを「へぐ」と言います）、千切りにし、筍は醬油炊き、蕪は塩漬けにして再利用です。

2キロのインゲン豆をごく小さな拍子木に切りそろえたり、数ケースの鱚《きす》の水洗いなどかなり時間がかかるものは、切り出しや水洗いを終えたものが乾かぬように、布巾をかけたり冷蔵庫に先にしまったりと、常にケアしながら仕事を進めます。

食材の鮮度が落ちないように手早くする、その前提として手は抜けません。もちろんお客さん第一で時間に間に合わせることは必要ですから、時には、1時間かかる仕事でも10分でなんとかしなくてはいけないこともあります。融通を利かせていつでも臨機応変に最善を尽くす。それができないと「間に合わんやっちゃなあ」となるのです。誰かが補ってくれている内は、仕事をしていることにならないのです。

おまけに、丁寧も度が過ぎれば「くそていねい」、真面目も過ぎると「くそまじめ」

になるんです。「どんなええことでも過ぎたらあかん」。だめなんですね、なんでもちょうどいいところを、自分で見つけなあかんのです。そういう意味で、「ええ加減（にしなさい）」という言葉は真理です。「ええ加減」は、常に自分で判断することですから、ほんまのところは、何も悪い意味やないんです。判断を任せてくれるのは、責任を持たせてくれているのですから、ありがたいことなんですね。

料理は刻々と変化する自然に対応するものなので、「ああしたら、こうなる」もんではないんです。一人一人が自分で判断できることでないと、間に合わないものなんです。

タブーを冒さないといけない

さらに、どんな仕事にも満足することはなく、「昨日よりも今日、今日よりも明日」がご主人の口癖でした。昨日と同じでは、気に入らなくなってくるのです。

ご自身でも「タブーを冒さなあかん」と、いつも何か考えている人でした。その日のお客さまに合わせて、巻き紙に「○○様 何客 向 小付 椀 八寸 造り 焼き物 焚き合わせ 酢の物 ご飯 香の物 水菓子」という具合に、ご主人手書きの献立が張り出されます。開店前に献立をじっと見つめているかと思うと、「あの方がいいな」「あそここうしてんか」と思いついた料理や器に替えていく。ご主人のひらめきは絶えずあって、調理場全体がその一言で大忙しです。

初春の田楽の豆腐を毎日焼いていました。ある時に焼き目（焦げ加減）が気に入らないというので、バーナーのガスの炎じゃなしに何か別の方法はないか、と考え始めました。すぐに思い立って、ガスバーナーに鉄の金串の束をグルグル巻きつけて、鉄が赤くなるのを待って、間接的な熱で豆腐を焼こうとするのですが、上手くいかず、しばらくするとほっぽりだしてどこかに行ってしまうこともありました。

ご主人のそうした行動は、調理場にとって邪魔になるばかりで迷惑といえば迷惑です。だけど、私にはそれが面白くて仕方がありませんでした。そうしたご主人の情熱はたいしたもんでした。無難に料理を作り上げるのは当たり前。それで終わらず、名を轟かせた料理人が六十をゆうに過ぎても、うまくいかないとわかっていてもやってみる、工夫し続けることに感動したのです。

味吉兆の「バンザイ」

そういえばご主人は、「ばんざい（まかない料理）」を「グリコ」って言っていました。

道頓堀の川沿いに、ランニング姿の兄さんがバンザイをしているお菓子のグリコの大きな看板があるんです。ご主人にバンザイの作り方を教わったのは私だけかもしれません。これは、後年私が『きょうの料理』で披露して評判のよかった「たまねぎのけったん」です。たまねぎの芯を抜いて、横二つに切って、水の中でバラバラにたまねぎの輪っかを外して、椀を伏せた形にします。それを油で、しんなりするまで少し蹴《け》って（炒めて）、切り落としの牛肉をたまねぎの上に広げてかぶせるようにして、塩を振り、蓋をします。ごく弱火で蒸し煮にして、肉の色がそろそろ変わるかどうかまで、牛肉にほぼ火が通るまで、じっと待つのです。八分通り肉に火が入れば、なべを煽《あお》って、肉の旨みの脂を全体に絡めます。肉に柔らかく火を通し、たまねぎの甘みを生かし、二つの食材を一つにまとめ際立てる調理法には、おいしくなる要素がいくつもあるのです。

見事なバンザイ、いやグリコの出来上がりです。この料理、火を入れる間は何もすることがないので、いつも忙しい調理場にはうってつけ。手を離せるのがいいんですね。思えば海軍式の蒸し煮のやり方に似ていて、ご主人は陸軍にいたということでしたが、その時代には日常に役立つ調理法だったのでしょう。

他にもバンザイとして、油揚げや肉と大根をひと鍋で煮込んだ煮物をよく作りました。

その鍋にご主人が野菜のヘタやらなんでもかんでも入れてしまうから、きれいに仕上げたいと思っている私は料理が汚される気がして、これはほんとに嫌でした。

賄いは、基本一汁一菜ですが、時間がある時には、薄焼き卵で春巻きを作るようなこともありました。みんなが喜ぶだろうとカレー粉を買ってきて本格的なカレーを作った事もあるのですが、食べている最中にご主人が戻ってこられて、「日本料理屋でカレーのにおいがするとはなんちゅうこっちゃ！」ときつく怒られました。よほどいい匂いがしたのです。一度にたくさん作りましたから、なくなるまでまる二日間、カレーが視界に入るたびに怒られていました。怒られてあたりまえやと思います。

うどんの出汁をきっちり引いてきつねうどんを作った時も、お店に戻られた瞬間に「うちはうどん屋か？」とまた怒られた。匂いにも、臭いにも、実に敏感な人でした。

繊細な包丁の仕事

フランスの修業時代には、ダンダンとダイナミックに躊躇なく包丁を振り下ろすシェフの姿に憧れていました。そんな私が日本料理の繊細な包丁の技術に魅入られます。同僚には私より年下の十代の若者も多く、先に何年も修業している彼らにさえ私は敵《かな》いません。プロ野球選手と高校野球選手以上の差があったと思います。包丁ができないと仕事になりません。生姜でも芋でも、要求通りきちんと切れる人でないと、包丁にも食材にも触らせてもらえない。「これをやりなさい」と言われても、だめだったら、すぐに「やめときっ」と、やらせてもらえないのです。その次のチャンスに備えて、寮に戻ってから包丁の練習あるのみ。それが当たり前でした。

包丁はスピードが大事で速く切る方がかっこいいと、若いうちは思いがちですが、正確に切ることができなければ、速さにも意味がありません。先輩を真似るべきは、速さではなく、正確さや切った物の美しさ（冴え）です。ご主人は、乱れた仕事をみると「そういうのは『大和つるし柿』言うんや」と間髪入れずに返します。「蔕《へた》（下手）なり固まる」、悪い癖が歳をとって定着してしまわないように、つまり、直らなくて手遅れにならないように、とそういう言い方をしたのです。

お客さま側から見たら誰が切ったものでも同じこと、新人であっても仕事は常に最高の出来栄えを要求されます。それは0・1ミリ単位での正確さです。上手くなる秘密は、「絶対にぞんざいな仕事はしない」「絶対にいい包丁をする」と心に決めること。決めないとだめなのです。ある程度できるようになった頃、私も「自分は絶対に包丁で手を抜かない、きれいな切りものをする」と決心しました。

和食の包丁の基本は、前に押し出して切ることです。これは「打つ」と言って、野菜の千切り、針切り（千切りより細かく切ること）の包丁の仕方です。輪切り、拍子木切り（拍子木のように角柱形に切ること）、千六本切り（千切りよりやや太めに切ること）など野菜の切り出し全般の基本も「押し切り」です。

「ひく（引き切り）」というのは、包丁の切っ先を立てて、お刺身を元（前方）の方から、弧を描くように大きく引いて切る技術です。かさの高い切り身などは一気に引き切りでは切れないので、再び包丁を元に戻して、引き切ることがあります。その場合も、切り身に、二度切りした包丁痕が残ってはいけません。

家庭とプロの包丁の違い

家庭で昔使われていた菜切り包丁、これは西洋料理の牛刀やペティナイフと同じ両刃の包丁です。私の使っている家庭用の万能包丁も両刃ですが、鯖を下ろすこともできますし、もちろん野菜や刺身を切るにもこれ一本で間に合います。出刃包丁を使うのは、鯛のように骨の硬い魚や大物の魚を下ろす場合ですね。ひと昔前の家庭では菜切り包丁はほとんどの場合、野菜や豆腐に使われたのです。

プロが用いる和包丁（出刃、柳、薄刃）というのは「片刃《かたば》」包丁です。

職人が使う和包丁は、刀を作っていた刀鍛冶が作ったものです。「片刃」の特徴は、「両刃」に比べて食い込む力が強いことです。包丁が材料に入り込むとき、材料からの抵抗が、包丁の側面に伝わります。「両刃」の場合は、包丁の両側に抵抗力が働きます。一方、「片刃」では抵抗力を片方に集めることで、反動が内側に働き、グイッと包丁が食材に食い込む力が強くなるのです。そのとき、内側に働く力によって、まっすぐ切り下ろした包丁は内側に曲がってしまいます。プロの料理人は、その曲がり具合をコントロール（利用）して切るのです。

そもそも包丁の技術が発達するのは、お箸で食べるからです。あらかじめ食べやすく切る必要があるわけです。同じお箸で食べる料理でも、中国では一本の中華包丁で多彩な仕事をこなします。例えば、切り終えた食材を広い包丁の腹に乗せてすくいとり鍋に入れられる、そんな合理性は見事です。

日本の包丁の種類が多いのは、食材が多様で、繊細な切り物が多いからだそうです。

司馬遼太郎氏は、中国でも日本でも、農家を訪ねると必ず農具を収める納屋に入ったとか。すると、日本の農具は中国に比べても種類が断然多く、ひと山越えれば農具が変わることさえある。日本の国土は、地殻変動が多くて複雑な土壌の状態に対応して、それぞれの土地にあった農具が工夫されたからだというのです。

包丁をするだけでできあがるお造り（刺身）も、あくまで自然を尊重して素材をよりきれいにするという料理観から生まれた料理です。鯛を一尾さばくにも、「水洗い」「（頭）割り」「おろし」「刺身」と四本の包丁を使います。日本料理のご馳走はほぼ魚料理ですから、魚の種類（調理）に合った包丁があります。和食では腕のいい料理人の包丁は大きな音を立てないものです。それは名パイロットが操縦する飛行機の着陸のように、静かで滑らかなのです。

包丁くらべ

味吉兆で、あるとき後輩たちが「だれが一番包丁がたつか」と噂していました。それで私に聞いてきたんです。当時、手が速くてキレキレの先輩がおり、みんなはその人が一番で料理長のご主人よりも上だと言います。ご主人はというと、戦争で手を怪我されていて、もちろん年齢もあったと思いますが、包丁をそこまで素早く動かすことはできませんでした。それで、「一番包丁がうまいのはその人かもしれないが、一番ええ包丁ができるのはご主人だ」と答えました。うまく答えられたと思います。

料理屋では、包丁で切ると言わないで、「包丁する」と言います。それには、多様な意味が含まれていて、対象（料理）の味つけ、固さ、量感、箸でのつまみやすさなど、総合的に判断して、切り方を決めることです。日本料理では、包丁以前に器があって、常に器と料理の関係を考えておく。そうした器と料理の関係を、湯木貞一は、ひとことで「料理は寸法」と教えています。大きさと味つけといった物理的バランス、箸と器と料理の美的な情緒のバランスをふまえることが「包丁する」の一言にあるのです。

味吉兆には繊細な包丁をして、緑の鮮やかさと歯切れを残して出汁を含ませる「インゲン豆のおひたし」がありました。なんでもない料理ですが、吉兆らしい、いい包丁をして初めて料理となる一品です。細めのインゲン豆の天地を切り落とし、包丁の冴えを生かして削ぐようにひき切りで半割にします。さらに縦三等分にして、横に五等分に正確に切り揃えます。これを短時間塩茹でにして、だし汁に浸します。ちなみに、家庭料理でのインゲン豆のおひたしは、まるごと茹でて水にとって冷まし、冷めたものを食べやすく切って、胡麻醤油などに和えるもので、出汁に浸すことはありません。

それぞれの立場で日本一を目指す

味吉兆では、「日本一」という言葉が、あらゆる場面で使われていました。鯛を下ろしたら日本一、粽《ちまき》を巻いたら日本一、掃除でも鍋磨きでも、なんでも日本一になれ、そう言われていたのです。「日本一」とは、若い自分にとってたいそう魅力的な言葉でした。それぞれの立場でだれにも負けない仕事をすることで、それぞれに日本一が生まれますから、だれでも日本一になれる。味吉兆では全員が日本一を目指していたので、意識的に自分が世界のどの位置にいるのかも考えるようになりました。

少年のような心を持つご主人は、だれからも愛されていましたが、味吉兆の料理人たちに対して「ほんまに、人がええばかりで根性がない」と怖い顔をすることもありました。確かに、一様に真面目で、素朴で、純粋で、個性的で魅力的な人ばかり。ええ仕事をいつも考えて、新たなちょっとした発見をしては、みんなして喜んでいました。

いつも私の向かいに立って仕事をする先輩に、何かの折に「何色が好きですか?」って聞きました。そうしたら「僕は天然の鯛の色やな。型《かた》のいい雌の鯛の色が一番好きや」と宙を見上げるのです。別の人は、早朝にデパートの正門にある金のエンブレムのついた扉を磨くおじいさんの無駄のない動きを見て、「あの人はえらい人や、すばらしい」と感動して一緒に見に行こうと誘うのです。大好きなテレビの美術番組を見た翌日は、いつもその話で盛り上がります。

豆腐を切ってしばらく眺めているかと思ったら「土井くん、これはアール・デコや」としばらく唸っていましたね。大きなスイカを二つに切って、「土井くん、ここに宇宙があるんや!」というのもありました。かと思ったら、ある時「土井くん、チャンバー(大型冷蔵庫)行くんやったら、ついでによんちゃんとってきてくれんか」と優しく頼まれたけれどわからないので「よんちゃんって、なんですか」って聞き返したら、「よんちゃん言うたら、さんちゃんに決まっているやろが!(怒)」って怒鳴られました。「さんちゃん」は三度豆(インゲン豆)だから四番目と表現したのか、かなり遠いでしょ。

私は、そんな個性的な先輩方が大好きでした。書き始めたら思い出すなあ。桂剝《かつらむ》きをするときに顔の筋肉を動かして、表情はどうあるべきかを真剣に問うてくる。「こんな感じや」って、今でいう変顔で剝き始めましたっけ。冗談ではなく、本気でやるのです。節句の粽を笹で巻く時は、ただ真っ直ぐ立ってではなく、体を動かしリズムをとって巻いていく。ステップを踏みながら手を動かす。周りからも美味しそうに見えないといけません。それは最も合理的な方法でもあるんです。右の物を左側に動かすときも、いかに素早く体重移動ができるかを考えて、つま先を作業台の下に入れて引っ掛け、その反動ですばやく身体を戻す。包丁やまな板、調理台など道具を磨くときの手の動かし方は、大きくか細かくか、どうすればどこから見られてもスカッとした仕事になるのか。いつも考えて、意識する。すべてが、それぞれの日本一研究でした。

お弁当の盛り込みをしていると、お箸を持っている時間も半端なく長いので、慣れるまでは手がつってしまうほどでした。また、包丁を持つ手が右なら、素材に触れるのは左手だけに限ること。右手を汚しては、二次汚染のリスクも出てしまい、仕事になりません。右手と左手の使い分けは無意識にできるようにし、自分の手の状態、つまりどの程度汚れているかを把握して、次の仕事に移るときに洗い方を加減します。

軽重ありつつも、ものに触れる、包丁する、お箸を使う中に、細やかな「けじめ」がたくさんあります。新人が水菓子の果物に触れるとき、先輩はさっと新人の手に触れて、手の温度を確かめます。その手が生あたたかく気持ちが悪いようなら、氷水に手をつけて冷やさせる。そうした仕事を積んで、自分の手のコンディション、においや温度まで意識できるようになる。日本一は、果てしないのです。

まねること、まなぶこと

味吉兆にいるときは、何でも知りたくて、いつもなにかしら疑問が湧いてきました。ご主人にはほんとによく質問したと思います。もちろん、質問するにもタイミングがあって、タイミングが悪いと無視されます。それは当然のことで、応対する時間と余裕が相手にないときに聞いてはいけません。もう一つ、誰にでもではなくて、その質問に興味がある人、要するに答えられる人に聞くことです。

調理場内でのコミュニケーションは大切で、ご主人は「怖い先輩でも、ニコッと笑ってもらえるようにならなあかん」と言っていました。そういうことは、関西人の私はどちらかというと苦手ではないんです。

きょうの仕事の段取りの確認、なんてミーティングはありません。張り出された献立を見て、それぞれがやるべきことをやるだけです。先を読み、先を読みして、先輩がなにを考えているかわからないと、段取りを進められないですし、いくらややこしいときでも、勝手はできず聞き直さなくては間に合いません。そのためには先輩が答えやすくなるお膳立てが必要です。

それに、自分一人で解決できることであっても、先輩の指示を受けた形にすることで、うまくいくこともあるのです。仕事に追われて料理を盛る器が決まっていないときでも、「どの器にしますか」ではなく、ある程度見当をつけて「どちらの器がいいですか」と二つ選んで見てもらう。そうしたことで、だんだん自分の判断を信頼されるようになっていくものです。

ご主人にはあまりにもたくさんたずねていたのでしょう、ややこしい時に質問をして「お前の名前はコレナンデスカーや、コレナンデスカーにせーぇ」と言われたこともありました。少々、うるさく思われていたようです。私には聞きたいことがいつもたくさんあったので、ご主人がお客様の盆暮れのご挨拶に行く時も休みの日に釣りに行く時も、喜んで運転手としてついて行きました。二人きりの車の中では、聞けばいろいろな話をしてもらえましたから。今思えば、とてもありがたい時間でした。

見聞きしたご主人の仕草や言葉から、多くのことを無意識のうちに学んでいたと思います。とにかく何でもご主人を真似ていました。調理場でご主人は、作業台に向かって、いつも蟹のように横歩きするんです。それがカッコよく見えたんでしょうね。それを真似ていた私も調理場ではカニ歩きになり、いつの間にかガニ股になっていました。

日本料理のエレガンス

料理の極意は、単に技術ではありません。技術以上に大切なのは、料理という仕事に向かう純粋さ、姿勢の正しさだと思います。これこそ、日本料理の師匠である中谷文雄から、味吉兆の現場で私が教わった極意です。

湯木貞一（大ご主人）の一番近くにいた中谷文雄（ご主人）、この二人が共通して持っていたものを一言で表すならば、日本料理の世界ではあまりない「エレガンス」だと思います。「上品」では足りず、「品格」では硬く、何事にもこだわらず自由で透けるような明るさを持つ日本美の「かろ（軽）み」でしょう。

今も思い出します。薄暗い座敷で、一人ご主人が紅葉した柿の葉を手にしているシーン。「きれいやなあ」と呟かれていた時に流れていた穏やかな時間。「お揃いです」という女将さんの言葉に、グッと気合の入るその瞬間。修業時代に見たそんな景色は、忘れられません。

それぞれの同僚の独立後、ミシュランの星を無条件に評価しているわけではありませんが、一人の先輩が三つ星、もう一人の先輩が一つ星、一人の後輩が三つ星、もう一人の後輩も一つ星に評価されていることをうれしく思います。「味吉兆」で共に過ごした時間は、皆にとって素晴らしい何かだったのです。

湯木貞一という天才

私が師事した「味吉兆」のご主人、中谷文雄のさらに上の「大ご主人」が湯木貞一です。私にとっては特別な人物で、私淑しています。と書くだけでおこがましい気がしますが、少しここで説明を加えておきます。

今、日本料理と聞いてイメージするのは、季節の青葉や紅葉をあしらい、縁起にちなんだ飾りに趣向を凝らしたお料理でしょうか。でも、実はそうした華やかな日本料理は吉兆が登場するまではありませんでした。

今の京都の艶やかな料理もそうですが、吉兆の料理に影響を受けていない料理人はいないと言えるでしょう。その料理は全国に広まりますが、「真似されてもよろしい。そうしたら、もう一歩先のことを考えたらよろしい」とご本人は日本料理の底上げになるならと気にもしなかったそうです。例えば、現在では全国の料理屋で重宝され、日本の伝統のように思われている「松花堂のお弁当」も湯木貞一の考案（見立て）です。

神戸の料理屋の長男として生まれた湯木貞一が、昭和5（1930）年、大阪の新町に「御鯛茶處吉兆」を開店したのが吉兆の始まり、三十歳の時でした。間口一間二分五厘という細長いお店で、テーブルは黒塗りに縁は朱塗りの爪紅《つまぐれ》（台子《だいす》）、椅子も朱塗りにして、萌黄色《もえぎ》の座布団がのる。客席と調理場の間には小さな床《とこ》を設けて風炉釜を据えた、狭いながらも茶室の趣のある洒落た店。

後年の吉兆のお料理を思わせる華やかさがすでにあったのでしょう。湯木の初めての料理屋は、開業して半年もたたぬうちに大評判を呼び、素朴と洗練という、日本的美意識の両極を取り入れた料理を出しました。誰も見たことがない新しいものを作る湯木の天才ぶりは、この時すでに証明されていたのです。

あまり知られていないことですが、湯木が二十七、八歳の時、北大路魯山人の星岡茶寮で働きたいと履歴書を送っていたそうです。もし実現していればと想像するのは面白いですね。実現しなかったものの、後年互いに尊敬の念をもって交友を深めたそうです。

料理の修業をしなくても、日本一の料理屋ができると証明したのは魯山人です。日本料理は美の問題だと明確にしたのが魯山人ということですね。この人は「器は料理の着物である」として器を自作して用い、茶事の懐石料理の「熱いものは熱く、冷たいものは冷たく」をモットーにしました。

今では当たり前だと思われることも、かつてのいわゆる料理屋では、本膳料理から発展した「会席料理」、宴会料理が中心でした。「かいせき」と音が同じなので混同しがちですが、「懐石料理」とはまったく異なるものです。魯山人が、茶の心と美意識で日本料理を作った人であるなら、それ以上に洗練した美的感覚と調理の知識と技術をもって湯木貞一は、まさに日本料理を完成させた人なのです。

「世界の名物　日本料理」

茶事を礎にしていた茶懐石は地味であることをよしとしていましたから、季節の風情を強調して、秋には、虫籠に明かりを入れる趣向の八寸（酒の肴）、夏には朝顔棚にある花に見立てた小付けに八寸物を盛り込み、お盆の頃には蠟燭の火を灯し、氷で作った「かまくら」（秋田横手の行事）にお造りを盛りこむような華やかな趣向を打ち出す。そんな吉兆の華やかさを揶揄する料理人もいたと聞きます。ゼリー、フォワグラ、キャビアといった洋風の食材や、当時の最先端の調味料を日本料理にいち早く取り入れたのも吉兆です。

日本料理はこうでなければならないというタブーを冒すことは躊躇《ためら》わず、伝統の良いところは崩さない。しかし、過去にこだわらず伸びやかに次々と新しい料理を生み出していったのです。

こうした創意工夫ある趣向も、確かな技術によるお料理のおいしさあってのことで、料理の完成度の高さが大前提です。厳しく、目も舌も肥えた当時の人を相手に、見かけだけで納得させることはできません。まさに湯木貞一は思うところに達していたのです。

ここに「世界の名物　日本料理」が完成しました。これは、湯木が日本料理の行く末を案じて作った吉兆のキャッチフレーズです。世界に向けて日本料理を文化だと伝えるこのコピーはすごいですね。歴史に残るものだと思います。コピーはイメージを言語化したものですが、湯木貞一の料理の背景にある大きな美学を土台にしてできたもので、単なる思いつきではありません。

とはいえ、世間では湯木貞一のそうした偉業は、あまりにも知られていないように思います。文化勲章を受勲した料理人（料理研究家）は誰もいませんが、日本文化への貢献を考えると今からでも授与（没後追贈）されるべきです。

文化勲章は昭和12（1937）年以後、科学技術や芸術などの文化の発展にめざましい功績を挙げた人に授与される単一級の勲章です。受勲者一覧を見ながら、目にとまった人の名前をあげると、幸田露伴、横山大観、鈴木大拙、谷崎潤一郎、志賀直哉、正宗白鳥、柳田國男、和辻哲郎、岡潔、小林秀雄、（河井寛次郎は辞退）、濱田庄司、高倉健、三宅一生、長嶋茂雄、といった画家、学者、小説家、伝統芸能技能者などが授与されています。料理人がいないのは残念ですが、純粋芸術として湯木貞一の功績を評価するなら、文句なしだと思います。それは、今も日本観光の目玉となって、日本経済にどれほど貢献しているか。芸術で国を為さんとするフランスでは、ポール・ボキューズがそのように評価されています。

辻調グループの創始者、教育者でもあり研究者でもあった辻静雄氏は日本におけるフランス料理文化の伝播、フランス料理教育に多大なる貢献をしました。辻に招聘《しょうへい》されて吉兆を訪れたポール・ボキューズは、鮮やかな緑と歯切れを残して茹で上げたインゲン豆を見て、そのシンプルな豆の料理からフランスで「ヌーベル・キュイジーヌ」という革命を起こしたのでは、と想像するのは楽しいことです。

わび茶を完成させた千利休の茶の湯の世界からさらに踏み出して華やかさをプラスした、品格の高い吉兆の懐石料理は、黄金の茶室を作らせた秀吉の強くて艶やかな茶の湯でもあって、新しい表現手段を生み出した茶の世界の琳派《りんぱ》とも言いたくなる日本料理だと思います。

余談ですが、料理に使うための器から、なんと庭の灯籠《とうろう》に至るまで、湯木は広く趣向を凝らした美術品を集めました。その見事なコレクションは大阪の湯木美術館で今も見学することができます。

懐石料理の極意とは

理の観点での「懐石料理」は素材を活かすことが必須、素材のよさを引き出すことに尽きます。雑味を徹底して取り除くのです。味覚で感じる美味しさよりも、「澄ませる」「きれいである」点を大切にします。

日常的な家庭料理であれば、小芋を煮る際に下ゆでせずに直炊きしてそのまま煮詰めますが、料理屋では、下ゆでを徹底し、アクを抜いてクセをなくし、白いものはより白く、青いものはより一層青くという情緒を第一にしています。そうなれば、食材そのものの風味や味、それに栄養を犠牲にしますから、人間の満足のためにだし汁に浸して含ませ、風味と味を補完します。また下味をつけることによって、変色、変質（劣化）を止めることもできる。それで大勢の人数にも対応可能になります。

もし、それをしなければどうなるかと言うと、雑菌が猛烈な勢いで繁殖して、色も味も何もなくなるどころか腐敗に向かうのです。そんなふうに考えると、こうした和食文化というのは筋（理論）が通っていて、実によくしたものだと思います。

懐石のアクを抜くという仕事は、激しさも粗さも抑えて、雲一つない真っ青な空のような浄らかさを目指しているのです。

何もないゼロから始まる懐石料理

早春、時間をかけてゆがいた筍を、一日中チョロチョロと水を流して晒《さら》しアク抜きをします。当然、味も栄養も失い、素材の持ち味も淡くなってしまいます。そこで損なわれた味を昆布や鰹節の旨味で補ったのが、日本のだし文化と言われるものです。

味を抜いておいて、だし汁の旨味に入れ替えてしまうのですね。例えば、「梅にんじん」という料理があります。冬に出回る金時にんじんを、芋くり（道具）を使って丸くくり抜き、水に落とし、水から火にかけて煮立つ前に火からおろし、水晒しする。再び火にかけて煮立つ前に火からおろしてまた水晒しする。これを二日にかけて何度もおこない、金時にんじんの味を完全に抜いてしまうのです。それを、梅干しで味付けて煮上げます。赤い小梅のように煮上がった梅にんじんを口にして、梅干しではない梅干しの味に気づくのです。そうなると、日本料理において「素材を生かす」とは何なのでしょうか。それは、素材の持つ情緒を際立てることなのです。

「水晒し」の起源は、どんぐりを貯蓄し、水に晒してアクを抜いて食べた縄文人の暮しに遡《さかのぼ》ることができます。縄文人にとってアクは、苦くてエグくて、体を傷つける「悪」でした。日本料理は煮炊き文化です。縄文土器で煮炊きしてアクを抜くことで、食べられないものが食べられるようになる。アクという毒素をのぞいた浄い状態、掃除して整ったところに、神様がおりてくると信じたのでしょう。

日本文化では生々しさを嫌う傾向があります。静かなものを好むのです。味覚に心奪われないようにしたのかもしれません。強い刺激は感性を奪います。懐石料理でこのアク抜きを徹底するのは、日常の親しみから離れた、非日常のきれいなお料理の世界に入るためです。舞妓や芸妓の白化粧や、神世と現世の間の仮死状態にも通じます。あの世とこの世をつなげるもの、それが縄文時代以来行われてきた「澄ませる」意味だと思います。

フランス人の友人を日本の懐石料理屋に連れて行ったら、驚かれたことがあります。

それは、料理屋に入っても、静かであること、そして、においがないことです。「言われなければここが料理屋だとはわからない」と言います。料理屋では、においの強い花を座敷に活けることはありません。食材でもにおいの強いニンニクやニラなどを使うことはありません。同様に味の強い青背の魚も使いません。

懐石料理はすべて何もないゼロから始まります。むしろ、風や虫の音、水をまく音、着物姿の足袋と畳の擦れる音、ときに表れ消えて行く香り、すべてが風情であり、もてなしの要素となるのです。「無い」から「有る」がわかるのです。

とはいえこれは、私が日本料理屋で見聞きした30年以上前のことで、日本の懐石料理も変わりました。わかりやすいところでは、今多くの日本料理屋が、澄んだだし汁にソースのように葛でとろみをつけて、肉や油を使うことも増え、ずいぶんはっきりとわかりやすくなりました。それは世界中の外国料理と競う中で、お客様を満足させなければならない和食の工夫ですが、同時に、湯木貞一が未来に日本料理の伝統が残るのかと心配したまさにその事が起きているのです。

時代に沿っての変化はもちろんあってよいものですが、無音無臭であるからこそ、ごくわずかな変化にさえ気づくことができます。その意図を知ると、気付き自体が楽しみとなる。この日本ならではの細やかな感受性が働く場、装置こそ、懐石料理なのです。

お茶があるか、お茶がないかの基準

「懐石料理」は、その元に当たる「茶の湯」を嗜《たしな》むとさらに楽しめるものです。茶の湯は敷居が高くて、当初は私にも近寄りがたさがありました。茶は、茶をいかに美味しく味わうかを目的としますが、ご縁のある人々が一つの席に集まり、季節の移ろいを認め、道具の取り合わせの美を共有することで、深く交わり、浮かび上がる情緒を味わう場なのです。むしろ、それを難しいことにして遠ざけてはもったいない。何かを学び覚える習得以上に、ものの考え方や日本的なものの捉え方というものをつかむためと考えるとよいかもしれません。古来暮らしにあったよきものを思い出し、心に置くことができるのはとても豊かなことだと思います。それは役に立つものです。

懐石料理は、今では高級料理屋でしか食べられないものになっていますが、家庭の手料理のもてなしを原点とする茶の湯に由来する伝統として、食文化の本質が残っている場でもあるのです。

湯木が盛りつけを終えて、整った料理を一瞬じっと見ているかと思ったら、上からぐしゃっと料理を押さえ込んで崩し、「よしできた」と言った。そんなエピソードを先輩に聞きました。

味吉兆のご主人の盛りつけは、温めた大鉢に鍋をひっくり返して入れて、少し手を入れて直す程度で完成することもありました。春の向こうづけを盛るために、数本の土筆《つくし》をあしらうにも、長さを切りそろえてはいけません。自然の土筆は短いもの長いものがあるでしょう。銘々の鉢に、炊き上げた芋、蛸、南京《かぼちゃ》を盛りこむにも、一人分ずつ数を読んできちんと盛ってはいけません、大まかにつかんで盛り、少し手直しする程度にとどめます。包丁できれいに豆腐を賽《さい》の目に切りそろえるよりも、ランダムにお玉を使って掬い取ります。

この違いは何かといえば、それは「お茶があるか」「お茶がないか」です。茶とは、茶の湯のことで、茶の美意識で判断するということです。茶の美意識とは言っても、善と偽善を判定しているように私は思います。人間のすることはほどほどにして、自然を信じる態度に現れます。

湯木貞一の料理のよりどころは、茶事の懐石です。茶とは、自然に任せられるものは任せるべく、あからさまな作為や生々しさを嫌います。細やかな自然の移ろいをよく見て、認め、もの喜びすることです。人のためと思ってやった行為といえども、その見返りを願っては偽善となるでしょう。そうした偽善心は、作為として料理に残るのです。普遍性のない人間の些末な工夫なんて、なにもおもしろくないのです。

新しい試みでも場に対する工夫にしても、そこに根本である「茶」があるかないかを問題とします。湯木や中谷は良いものを「お茶がある」、ひと目見てダメなものを「お茶がない」と一瞬で判定しました。自然な振る舞いやさりげなさを私たちは好むようです。わざとらしさをみると、臭い芝居となるのです。

ですから「お茶がある」とは自然を尊ぶことに尽きる。自然には同じものなどなに一つありません。いつも変化し、それぞれが違い、それぞれに美がある。一つ一つを揃える努力よりも、一つ一つの美を優先するということですね。茶があるかないかという基準を持っていると、良い悪いが自ずと見えてきて分かる（判断できる）ようになる。「お茶がある」とは、他の言葉では代替しがたい、日本らしい情緒がある言葉です。

日本一美しい盛り付け

味吉兆で、お料理が盛り込まれた器がわきとり（盆）に乗せて運ばれていく様子を眺めて、えらいきれいなものやと感じ入ったものです。慣れるまでは、いちいち見とれていました。吉兆の料理は、月々の献立に日本の行事や故事をひとつずつ取り込み、趣向を凝らすので、季節の移ろいとともに景色が変わります。

趣向とは、季節の節目にあるさまざまな祭りごとや故事を、料理に織り込んで表現することです。例えば、「月に見立てた金属のプレートがある。それを盆に乗せ、ススキやハギを飾りにして、料理の一品を置く。盆の上に秋の小宇宙ができあがる」（東京吉兆ホームページ「白吉兆　湯木貞一の想い語り」より）。このように四季の風情をお料理にするのです。

そのために季節や料理の趣向に応じて、松葉、椿、ゆずり葉、菖蒲、青もみじ、梶の葉、朝顔つる、柿の葉、笹、青竹、氷（塊・かき氷）、蓮の葉、黒文字、ほおずき、赤芽《あかめ》柏《がしわ》、柿の照り葉、菊花、柿がま、柚《ゆ》がま、川石、大アワビの殻、炭など、自然のものを季節に応じて用意するのは、若い料理人の役目でした。新古の陶磁器や漆器はもちろん、かわらけ、クリスタルガラス、銀器、銅網《かなあみ》、青交趾《あおこうち》など際立つものを見立てて生かし、物と物の関係性で調和の美を潔く表現し、自然を切り取って魅せる。そのように湯木がつくりあげた趣向を施した日本料理は、それまでだれも見たことがない料理となりました。

　我が家に『吉兆 料理花伝』という、奈良の写真家、入江泰吉が吉兆の茶懐石を撮りおろし、グラフィックデザイナー林忠が装丁した豪華な本があります。今見ても新鮮でページをひらけば身が引き締まります。繊細で華やかな日本らしい料理写真を折々に眺めると、汚れてしまった自分の目が洗われるかのようです。その本には湯木の言葉通りの「世界の名物 日本料理」が表現されているのです。

　また、日本料理の美の表現を倣った一冊があります。京都の『辻留』先代主人、辻嘉《つじか》一《いち》（1907〜1988）の見事な『盛付秘伝』（柴田書店、1982年）です。私自身は実際に辻嘉一さんの料理を見たことがありませんが、この本の料理写真を見ると、奇をてらったことはせず、日本らしい季節の食材を取り合わせる技は見事です。

　なにしろ、能楽のシテ、ワキといった言葉を用いて、その関係を引用しながら、盛り付けの情緒を一つ一つ解説し、綿密に言語化する話法は他にないでしょう。しかも美の作り方が絶妙で、作為を感じさせません。

　真っ直ぐに並べるにも、真っ直ぐではない。平行にするにも平行ではない。季節感を踏まえ、寸法、包丁、角度、調和性、形にまったく隙がない。その調理の技術は、意図した料理があるために成立するのです。その方法論を超えて美しいのが辻嘉一の料理です。論より証拠、機会があれば、ぜひご覧いただきたいと思います。これを見る限り、盛り付け日本一でしょう。和食の場合、美しさは間違いなくお料理の質と対応するものですから、味わうまでもなく美味であることは疑いありません。

湯木貞一といい辻嘉一といい、この時代に名を馳せた料理人の料理には顔がありました。料理をみれば、だれの料理かがわかったということです。それは独自の料理哲学という裏付けを持って、初めて実現したことだと思います。

自分には見えなかった価値

味吉兆では茶事の仕事を数多く経験できました。本来の茶事では、主題（テーマ）に基づいた道具立てをします。その扱いに長けた道具屋さんが、茶事に備えて道具の取り合わせなどの支度を手伝いに来られます。その関係は様々だと思いますが、亭主と道具屋は互いに補完しあう関係にあるのです。

バブル時代の頃、茶事の仕事を手伝っていたときに使っていたとある高麗茶碗が、うん千万は下らないという話を聞きショックを受けました。値段自体の驚きもありますが、私にはその茶碗の価値がわからなかった、自分の目にはその違いが見えなかったのです。

例えば、５０００円の器と50万円の器の違いはなんであるのかがわからない。誰かが「これはええな」と言った途端によく見える。後年そういうことがなくなったとき、その理由がわかりました。人の言葉に影響されて感情の変化が起きるうちは未熟なのですね。いいものは話を聞く前からいいものなのです。

そんなことがあって、自分の目は「見えない」ことを知るのです。何も見えていないと自覚したと言っていい。二十四、五歳の頃でした。

結局のところ「これはいいものだ」と決める人がいます。ですから、「見えるか／見えないか」の基準は、よいものだと「わかったもんの勝ちや」と思いました。見えないうちは話にならない。見えるようになりたい。で、どうすれば見えるようになるかといえば、それは、ひたすらいいものを見るしかない。とにかく、最高のものを見るという経験が必要です。

「そのためには買わんとあかん」「失敗せんとあかん」と、教えてくれる人がありました。また、「自分は嫌いだけど、これはいいものですね」「これはあまり良くないものですが、自分は好きだ」という「好きなもの」と、実際に「善いもの」とを、区別して見ないといけないこともわかってきました。とにかくいいものを見ないといけない。しかも、雑多なものよりも、一級品のいいものを見ないといけません。

それからというもの、時間があれば、大阪中之島の東洋陶磁美術館、天王寺の大阪市立美術館、京都の国立博物館などに通い始めました。美術館の会員証を持って、少しでも時間があれば、とにかく見る。当時は今よりも美術館は空いていました。今では美術館も企画展が多くなりましたが、当時は、たとえば国立博物館には本当にたくさんのものが常設で並んでいたのです。美術館に通うようになって一年経ったとき、なんとなくいいなと感じるものが増え、一年前は見えていなかった美に気づく。それからまた一年して、一年前はわかっていなかったと気づく、その繰り返しです。

京都や大阪の画廊や道具屋にも興味を持つようになって通いました。30年以上も前のことです。ただの若いもんでも、どこに行っても親切にいろいろなことを教えてくださるものです。京都の「鉄斎堂」さん、古代裂の「ちんぎれや」さんなどは、今も親しみを感じています。

高台寺さんは一般に開放されていませんでしたが、外から覗いていたら庵主さんが声をかけてくださって、招き入れてくれました。ねね（秀吉の正妻、高台寺はこの北政所の菩提寺）のお墓の扉の裏にある蒔絵《まきえ》のことやらお墓の上のことやら全部説明してくれはってね。京都は若い人にとても親切にしてくれはるとこで、感謝しています。

美は至るところに現れる

初めは、見えるようになりたいと思う気持ちでしたが、だんだん見ることが楽しくなったと思います。そんな話を糸井重里さんと対談でしていたら「で、見えるようになったんですか？」と、聞かれました。咄嗟《とっさ》に「自分なりに楽しめるようになった」と答えましたが、不十分ですね。

経験を積めば見えるようになるのは間違いないようです。高麗茶碗でも、見ているうちに高麗茶碗の美の様式をつかめるようになる。それが普遍的価値の共有です。目でしっかり見たものは心地よさとして体に残り、それがどんなものかを人から教わり、話すことで検証できます。そうした経験と学びの繰り返しをしていると、体の中に美の枠組みができてくるのです。そうした物の美しさが価値として評価されているものは、お金では評価されていなくとも良いとわかる。そして、やがて好きなものと、良いものが一致してくるようにも思います。一瞬でわかるというものもありますが、その時々で自分自身が冷静でない時もあるので、しばらくそばに置いておく、しばらく見ないでしばらくして観る、ことでわかるものもあると思います。良いものは秩序を促すのです。

自分で見えるとか見えないとか、日本人はだいたい言わないものですが、フランス人は上手に言葉にしますね。言葉に換えることと、見ることとは別の技術ですが、やっぱり見えないと言語化もできません。見える／見えないなんて、他者と比べることもできません。でも、それを知ろうとする努力は、いつか実って楽しめるようになるもの。間違いなく人生を豊かにするものです。

最近では、どこに行っても、どこにいても、綺麗やなあと思うものを見つけられる気がしています。ものに共感できる感覚を持ち、感動できることは幸せです。

自分をわきまえてしっかり生きていれば、美は至るところに現れると思います。もちろん、自分なりに、です。日常生活で散歩していても、電車に乗っていても、きれいだなあ、いいなあ、素敵だなあ、を、いつも楽しんでいます。果たしてそれが、見えることなのかは、未だよくわかりません。

第四部

家庭料理とは、無償の愛です
——料理学校で教える立場に

家族で料理をする楽しさ

料理は花嫁修業でした

父の土井勝（1921〜1995）は、戦後、海軍主計科の経験を生かすべく調理師学校に勤め独立するために退職して、料理教室を始め、その後、関西割烹学院を1953（昭和28）年に設立し、後に「土井勝料理学校」と改めます（最終的に1995年に閉校）。料理学校を経営するようになった「お料理の先生」が、往時の料理人（調理師）と区別して、社会的に料理研究家と定義されたのです。

高度経済成長時代には、大阪、神戸、東京など、合わせて七つの学校がありました。最盛期には全校合わせて2万人以上もの生徒さんが学んでいました。週一回、一年間通う基礎コースに加えて、もう少し学びたいという生徒のために師範科コースがあり、その他に土井勝が受け持つ常楽会、西洋、中国、菓子に特化した専門クラスが各校にありました。授業は一日に四コマ、実習を伴うので、授業を回すのは大変だったと思います。

私が子供の頃の昭和40年代の授業風景の写真を見ると、通常、一テーブルが四人というところに、六人以上の生徒が、鈴なりになってテーブルを囲んでいました。講師のデモンストレーションに続いての実習は、一つのテーブルを囲んで、その日習った献立をみんなで協力して仕上げます。

中には、食材に触れることなく、洗い物ばかりする生徒もいたと思います。それでも、希望に燃えた時代でしたから、生徒たちは、一様に輝くような笑顔で料理を学んでいたのです。高度経済成長、東京オリンピック、大阪万国博覧会があって80年頃までは、料理は花嫁修業として、多くの年頃の女性がお料理学校に通いました。とはいえ、80年代の終わりには、女性が社会で仕事を持つようになって、料理学校には大勢の生徒が習いに来て当たり前という時代は大きく変わっていくのです。

『きょうの料理』という責任

『きょうの料理』は、父が出演し始めた放送開始から、2022（令和4）年で65年目になります。番組は複数の料理研究家の持ち回りで、それぞれが専門分野の料理を担当しました。これまで番組で取り上げられた料理は、家庭料理のみならず、外国料理、本格的な三つ星シェフの料理、男の手料理、最近では時短料理まで多彩で、移りゆく社会の空気を映す鏡になっていたのです。

初回放送（1957年11月29日午後0時35分）で父が伝えた料理は、「かわったエビのフライ」、翌週が「かきの磯まき」、その後も「かぶの宝むし」「渡り蟹の巻きずし」「タコの糸作りとひき茶酢」「七夕料理」と、料理人がハレの特別料理として工夫した豪華なものが当初はほとんどでした。今なら小料理屋さんのようなお料理です。家庭ではこうした料理が求められていたのでしょうか、かなりレベルが高い。日本料理のみならず、肉や油脂を使ったちょっと気取った西洋の家庭料理から洋菓子、さまざまな調味料を使った中国料理の定番のご馳走までをプロの料理人が教えていました。

父とも交流があり、今も私の心に残る個性豊かな講師陣を思いつくままにあげてみると、帝国ホテルの村上信夫、京都辻留の辻嘉一、西洋の家庭料理の飯田深雪、中華料理の陳建民、中国家庭料理の王馬熙純《きじゅん》、その末席に土井勝もいるという具合で、各ジャンルの第一人者ばかり、錚々《そうそう》たる顔ぶれでした。

日本の代表的な料理人が「材料・分量」から「作り方」、コツまでを惜しみなく教え、それを一般の視聴者はテレビの前で正座してメモをとっていたとも聞きました。また、多くのプロ料理人が刮目《かつもく》していたのです。テレビがもっとも信頼される情報源でもありました。調理場にいてテレビを見られなかった料理人は彼らの出版した専門書から大いに学びます。その意味では、食の情報（レシピ分量）を公開し、現代日本の食の土台を作ったのは、『きょうの料理』だと言えるかもしれません。

家庭料理のイメージが強い土井勝ですが、料理人など専門家を対象とした1960年1月1日発刊の『基礎日本料理』（柴田書店）は、記録的な大ベストセラーになりました。日本料理の調理法を網羅し、分量まで丁寧に記した料理本はそれまではなかったのでしょう。

テレビ『料理の鉄人』で有名になられた道場六三郎さんにお会いした時、「お父さんにはずいぶんお世話になった」とおっしゃり、何のことかと思ったら、父の本で勉強させてもらったとか。ありがたいことです。多くのプロの料理人が、和食の基礎を書いた父の本を求めたのです。

なにしろ、当時のプロの調理場では、「見て覚える」のが当たり前で、ていねいに教えてもらえることはまずなかったと思います。見習いコックは鍋に残ったソースの味見だってさせてもらえないという時代でした。教えるという習慣はなく、基本的に技（味）は盗むもの。『きょうの料理』の放送は、派生的に編まれた料理書も含めて、極意や秘伝の公開であり、その情報価値は相当高かったと想像できます。今のように光が当たることの少なかった料理人社会です。評価してもらえることは嬉しく、また誇らしくもあったのでしょう。

ご馳走を求めていく昭和の家庭料理

1957（昭和32）年生まれの私は、料理の環境が社会の要請とともに変わり、新しいものに目が向けられ、西洋料理や調理道具がひとつずつ家庭に入っていく、そんな時代の変化を、料理研究家の息子だからこそ、意識を持って見ていたように思います。

高度経済成長の中、豊かな食卓に憧れて、精一杯頑張ることや、それを誇りにさえ思わせ実現させた昭和の時代も半ばを過ぎると、女性の社会進出が勢いよく始まり、平成に向かうと情報社会になっていきます。女性が家事に専念できなくなっても、世間という社会が女性に要求する家庭料理の水準は緩まることはありませんでした。プロが伝える料理や新しい調味料はすぐに広まり、おいしいものやご馳走が食べたいという家庭料理への要求は一層高まります。

とはいえ、かつお節や昆布でだし汁をひいて、ていねいに布で漉すような作業は、毎日実践するのは大変なことです。結果、商品となった手軽な粉末だしや固形スープ・コンソメを使うことになるのです。そして、それを入れないとおいしくないものと大いに宣伝されます。旨味の発見者が日本人ということもあってか、旨味こそ和食の象徴ということになるのです。

一番だしをとる削りがつおも昆布もとても高価な食材で、ここ一番というお正月やお客さまがあるときに求めはしても、普段使いの食材ではありません。当時の視聴者はそういうこと（使い所）もちゃんとわかって、『きょうの料理』を見ていました。料理を習う以前に、世間の常識と常の家事は身につけていた上のことだと思います。ユネスコの世界無形文化遺産に認定された和食文化は、そういう時代の女性が育んだものでした。

１９７０年の大阪万国博覧会場には、ファストフード店（「ケンタッキー・フライド・チキン」）やファミリーレストラン（「ロイヤルホスト」の前身の「ロイヤル」）の実験店ができ、日本人が外食の楽しみを知るきっかけとなります。それまで外食は、宴会か忙しい日にお店に電話して、うどんやそばを取るくらいだったと思います。器はきちんと洗って返したのです。大人は店から取る料理を「てんやもん」と呼んでいましたが、ちょっと恥ずかしいという気持ちもあってかそんな機会は滅多になくて、子供たちはみんな喜んだものです。

インスタント食品や外食が一般化する中で、「未来はこういうものを食べるようになるのかな」という父の言葉を覚えています。

家庭料理とプロの料理は区別してください

当時、男性は家庭の台所に立たないものとされ、女性の仕事場である台所に男は入ってくるな、という意味で、どこの家にも暖簾《のれん》がかけられていました。料理研究家であった父も家では料理をしませんでした。

私が覚えている父の手料理は、座敷で囲む「すき焼き」と「お好み焼き」、それに皆が集まった時の「手打ちうどん」、あとは、一年に一度、餅をつくことくらいでした。

前述しましたが、父と対談した帝国ホテルの村上信夫先生も家では和食が多く、料理はしないと話されていました。

「男子厨房に入らず」は当たり前で、料理どころか家事全般も何もしない男性が多かった。そんな父親を見て育った私も、そういうものだと思っていたのです。会社でも、何も言わずとも女性がお茶を出すのが当然の時代で、24時間働く男が偉そうにしていた時代です。

同時に、寿司や天ぷらの職人、料理人やシェフなどプロは男の仕事でした。男性ながら家庭料理を教えていた父でしたが、プロの仕事をテレビで見せることも多くありました。負けず嫌いの父は若い頃、大阪の中央市場で目打ちをしないで鱧《はも》を下ろす練習をし、はらん切りを職人と競うなどしていたようです。実際に『きょうの料理』で鱧を見事に下ろして見せ、包丁の技術はプロの料理人からも一目を置かれていたようです。

江戸時代に発行された料理書もそうですが、料理を教えるのはいつもプロの料理人でした。日本の女性は男性に対して慎ましくあるべきとされ、教わったことこそ正しいからと、自分のやり方を「間違い」だとさえ認識していたのです。民俗学者の柳田國男が、ある土地の人々に祭りの習わしなどの違うやり方を伝えると、それまでのしきたりを改めてしまうことがあると書いています。内のものよりも外から来るものを重んずる、というのは、身近な料理でも似たような心性がはたらいているようです。

秋田の農家を訪ねた時、縁側でご主人と話をしていたら、お婆さんがお盆に缶コーヒーや缶のお茶を出してくれたのです。不思議に思って尋ねてみたら、「うちの婆は、自分で作ったものよりも買ってきたものの方がいいもんだと思っとる」ということでした。なんだか切ない話ですが、自分よりも周りを優先させる良い気質でもありますよね。まだまだ、現代人だって少しはそういう性質を残しているように思います。

日々の暮らしで母親や女性が担っている家庭料理よりも、プロの男の料理人が教える非日常の料理の方が正しいと思いこんでしまうということです。

メディアは、プロが作るビーフシチューと家庭で作るビーフシチューを区別せず、同じレベルで味の評価をする。また、きょうの料理大賞というコンテストでも、おばあちゃんが作る伝統料理と若いママが作る創作料理を並べて投票する。創作性（オリジナリティ）という評価点がありますから、そうなると必ず創作料理が勝つのです。なんだか、おばあちゃんがいつもかわいそうでした。いずれにしても母親の手料理がほんとうの意味で社会的に評価されることはなかったといえます。

近年、取材や番組で、地方を訪ねて家庭料理を一緒に作ったり、食べさせてもらったりすることがよくあります。日本にはまだまだ、料理名人のお母さん、おばあちゃんがいらっしゃることは間違いありません。家庭料理を担っているのは、現代でも多くが女性です。彼女たちから知らないことを教わると私はとてもうれしくなります。

「なんで私が家庭料理やねん」

そんな時代を背景に、「味吉兆」での修業を終えて、父の料理学校に戻ってきた頃の私の気持ちを一言で言えばこれです。

「なんで私が家庭料理やねん」

1986（昭和61）年、三十歳の頃です。世間には、プロの料理より家庭料理を軽んじる風潮があり、私自身、味吉兆で日本一の仕事をしてきたという自負があってか、父の仕事であった家庭料理を下に見るようになっていました。今思えば恥ずかしい。

とはいえ父の料理学校は、生まれる前からあたり前にあったものです。それを、だれよりも何よりも大切に感じ、いつか自分は料理の先生になると疑いませんでした。生徒が少なくなって左前の料理学校をなんとかしたいという強い気持ちがありました。

料理学校に戻って、とりあえず自分ができる仕事に着手しました。当初は、味吉兆時代に毎日書き取ったノートの整理と、教室の掃除ばかりしていたように思います。料理人の仕事に傾倒していた私の心を見透かしてか、父はそれまで以上に「家庭料理が大切です」と繰り返し語るようになっていました。それが私へのあてつけに聞こえて仕方がなかったのです。私の方は、味吉兆の仕事で身についていた習慣で、どこにいてもにおいや汚れが気になりました。仕事を始めるとなると、まな板、バットやボウル、鍋、となんでもかんでも道具のにおいを嗅いで確認していました。

いくらいい仕事をしても、結果に雑臭が残っていたら台無しです。生徒が片付けて若い助手が掃除をするものの、私には気になることだらけでした。デパ地下やスーパーを歩いていても、すえた臭いがあるとアブラムシが湧いているとわかります。醬油瓶をちょっと見ても、色艶から醬油の劣化が見えるのです。神経過敏になっていたと思います。

そうした細やかな感受性を身につけることが修業であったのかもしれません。一方で感じすぎるのが辛くて、戻った当時は掃除ばかりしていました。

家族から呼び戻される形で味吉兆から父の料理学校に戻ったのですが、今思えば、修業時代というのは、自分のことだけを考えていられる稀有な期間だったと思います。厳しいことはあったけど、後になれば楽しかった記憶しか覚えていません。とにかく、もう自分のことだけ考えていればよいという日々はこれで終わりになりました。

レストラン開発の仕事は丹波篠山から

料理学校に戻ってからは、テレビ向けのレシピや料理書の作成などをする研究開発室に所属して、料理学校の本体（教務の生徒指導）のことはわからないまま、父の仕事を優先して手伝っていました。

当時、料理学校には、土井勝の名声を頼ってか地域おこしを目指した名産品の開発のための料理指導やレストラン開発などの仕事の依頼が増えていました。学校の料理指導の仕事にまだ慣れない私は、料理そのものだけではなく、そのようなレストランプロデューサーやプロの料理人育成のプロジェクトの責任者として、学校の業務と並行して関わり始めます。その頃はまだ、そういったコンサルや開発会社が少なかったのだと思います。

いずれ自分も飲食店を何かやりたいと思っていましたから、そうしたプロの仕事を指導するのは望むところでした。初めての大きな経験は、兵庫県の篠山《ささやま》町農協からの依頼で、農協の直営のレストランを作ることでした。農協としても前例のない全国初の試みです。

私には、お店を作るために計画書を作るなんて考えはなかったので、必要なことを順番にやるだけでした。基本設計の段階で厨房の配管の図面が必要ですから、まずは、そこでどんな料理をするかを決めるのが先決のはずですが、たいていは建築が先行します。どんな料理をするかも決まらないのに、厨房の面積、調理システム、作業動線（仕事の流れ）など設備の設置は急がされることが多い。

実際の料理や現場感覚は後回しに大きなお金が先に動いて、楽しいイメージありきの建築計画ばかりが先行することが多いのです。しかし、こうしたプロジェクトを成功させるためには、考えれば当たり前のことですが、建築より何より、そこでどんなお料理をするかだということは料理人としてよく理解していました。

観光バスが来て団体さんも多くなるし、農協にはいろんな部会があり、牛肉部会やらトマト部会やらがあれを使ってほしいこれを使ってほしいと要求してきます。全体の要望は、いずれにしても篠山の特産物を使うこと、歴史のある篠山らしいお料理の提供、そして団体客から家族までが楽しめる場にといったことでした。篠山の特産物には、山の芋（つくね芋）、丹波栗、松茸、大納言小豆、黒豆、篠山牛、猪肉といったおめでたい食材がたくさんあります。

篠山は城下町で、城主は青山のお殿様です。東京港区の青山の名称は篠山藩主青山家の江戸屋敷があったことに由来するそうです。青山家の家紋というのが「無文銭」と言って一文銭をかたどったものなので、丸型の漆器に枡を真ん中に一つ置いて、周囲に丸みをつけた三角の青磁皿（二つ）と同型の杉板二枚を収めて、「無文銭弁当」というメニューを考案しました。もちろん青山家のご子孫にお断りしてのことです。

真ん中の枡に八寸もの（酒肴）、青磁皿に揚げ物、炊き合わせ、杉板には、焼き物と小付けの酢の物、物相《もっそう》（ご飯型）で抜いた温かいご飯を乗せます。これにお味噌汁を添えて出します。これなら、炊き合わせなら熱いうちに、揚げ物は揚げたて、ご飯は温かいものを、とオーダーが通ってからすぐに出せます。五十人の団体さんにも、少し前に盛り込んで、広いスペースがなくても高く積み重ねておけば対応できます。これにも味噌汁を添えて出すのです。デザートには、トマト部会の要望に応えてトマトのシロップ煮のゼリー寄せや大納言小豆を使ったアイス。そして店名は「特産館ささやま」です。

一品には、つくね芋のとろろ、篠山牛を使った牛トロ丼、とろろ蕎麦、篠山牛のステーキ、篠山の笹にちなんで栗を使った俵形の笹蒸しおこわ。他に季節メニューとして、祭りそうめん、猪鍋などです。ひとつでも柱が決まると、他が固まってくるのでだんだんおもしろくなります。これを書きながらも、今の私ならどうするだろうと、しつらいや献立を思い浮かべてしまいます。

こうしたお料理がスムーズに出せるように、厨房の動線を決めていきます。無文銭弁当の中身の皿は分解できるので、それぞれのポジションで盛り込んだものを、調理場最前にある通し台に集めて組み込み、ご飯を乗せて出していく。そうした料理の流れに対応することが機能的な厨房です。私の経験からして、そうしたお料理も厨房も、味吉兆の大丸店の厨房に倣うよりなく、むしろそこでの修業のおかげで経験を生かせました。器は献立が決まってから、丹波焼の窯元に発注して作ってもらいました。

料理する人は、農協職員から募った有志、男子三名、女子一名です。建築計画に合わせて、料理学校で三〜四ヶ月ほど基礎調理のトレーニングをしました。オープンの一ヶ月前、調理場が使えるようになってから、私が篠山に行ってオープンに備えて実践的なトレーニングを続けながら、開店準備をしたのです。

当時の篠山は長閑な風景が広がり、人の姿も少なくて、こんな立派な飲食と加工の場を備えた物販を作ってどうするのか、店を開けてもお客さまは来ないいんじゃないかと心配ではありました。お店のオープンを迎えるという経験は初めてのことでしたが、計画が始まって半年間は篠山の人たちと一緒に心を一つにして開店に向けて努力し、オープンした後も、計画通りお店が機能するのか心配はありましたが、責任者として精一杯やるしかありませんでした。

そしていよいよ特産館ささやまのオープン初日。開店前からどこにこんな大勢の人がいたのかと思うほど行列ができていました。予想外で逆に慌ててしまいましたが、入場制限をして無事営業開始、その後もこの行列はなくならず、嬉しい悲鳴をあげるほどにお客様がいらしたのです。農協初めての直営レストランということもあり、全国から次々に見学が来られたんですね。

こうした開発の仕事では、オープンが近づくにつれて私の仕事は少なくなり、開店すれば手を離さなければならないので寂しさもありました。その後も、特産館ささやまは全国から注目され、多くのお客さんを集めて成功を収めていき、私にとっては大きな経験となりました。

長野県小布施での挑戦

1987年には、長野県小布施《おぶせ》町の栗菓子屋の和食店の開発をしました。こんなお店にしたいと当主の希望を聞き、同じ和菓子屋である大津の叶匠寿庵《かのうしょうじゅあん》のコース料理を参考にするために食べに行きました。

当時は、まだミニ懐石といったリーズナブルな日本料理のコースはなく、松花堂弁当や点心の盛り合わせで、一人の単価が2000~3000円という感じでした。いわゆる数万円もする高級懐石料理というのは、ほとんどが会社の接待用でした。当時はバブルの只中、味吉兆には毎日のように銀行や証券会社の方がいらしていました。惚れ惚れするような美しい日本料理とは、ふつうの人が食べる機会はない高嶺の花でした。

フランスで若いカップルが星付きレストランでお祝いの日のディナーを楽しむ姿を見ていましたから、日本でも、若い人たちにこそ日本料理を楽しんでもらいたい。それは日本文化を継承するためにも必要だと考えて、十一～十二品からなる吉兆の懐石料理の品数をグッと六品に減らして、季節の料理として提供することを提案しました。

献立は、向付け、煮物椀、長野県産の牛肉と野菜の炊き合わせ、ご飯物、香の物、水菓子で2500円の献立です。器（陶器、磁器、漆器）は全て新しくオリジナルものを京都や奈良、石川の作家にオーダーして作ってもらいました。懐石料理ですから、一品ずつお料理を出すので、一人のお客様に七～八回サービスがあります。外回りのサービスは全員が地元の女性、調理場は栗菓子工場で働いていた男性の希望者でした。こちらも調理場の担当の方には料理学校で基礎のトレーニングを受けてもらいました。栗菓子屋の店舗も完成したところで私も現地に入り、こちらも無事開店できました。

当初は地元の人よりも観光客の来店が多く、その観光客の評判を聞いて、地元の人たちもそろりそろりと来てくれるようになりました。そのうちに地元の人たちの自慢の店になり、外からのお客さんと連れ立って来てくださるのです。

月替わりのコース料理は、季節の料理として、十二ヶ月毎月変わります。翌月の新しいメニューを指導に行く長野通いを25年続けました。その間には、洋食のお店や居酒屋など店舗を増やしました。長野オリンピックの1998年には、イギリスのゲストハウスとなり、アン王女やサマランチIOC会長主催のパーティーを開催したことも。小布施の街の全体の開発も含めて、走り回った日々を懐かしく思います。

レストラン開発は、コンセプト・メニュー開発、厨房設計、料理人の育成、開店後のメニュー指導も継続的に行うことを含みます。エネルギーも使いますが、その土地の文化や人と深く長く関わる仕事でした。

小布施での一つの成功の評判が伝播して、東京大手町でのNTT都市開発の直営の日本料理店、栃木県那須、岡山県大原町のホテルを併設したゴルフ場、善光寺の酒造会社の飲食店など各地で長く指導を続ける仕事が増えました。一軒のお店の指導が20年、30年と続くのです。なかには、企業方針の転換や代替わりなどもありますが、関わったお店や土地への愛情がふくらみ、自分ごとに思えて、一生懸命でした。

料理学校に戻ったころ

1988年、父のテレビの料理番組や料理雑誌などの手伝いをするうちに、私個人にも仕事の依頼が入り始めます。婦人雑誌の仕事やテレビの出演などメディアの仕事です。自分の仕事、自分の料理ということになると、こうありたいと思う気持ちが強くなるもの。材料を切る下ごしらえなら丁寧に材料を切り出して正確に下茹でするところまで、なにもかも、自分自身の手で完璧にやらないと気がすみません。

自分の周りにご主人も先輩もいなくなって、一人になっても高みを目指そうとするあまり、不安にかられて確認を繰り返し、自分さえ信用できません。包丁使いでは相変わらず宮大工のように0・1ミリに拘《こだわ》って切り揃える。これを家のおかずでやるのですから、奇妙なものになる。料理人のプライドを家庭料理の仕事にぶつけていたのです。かつての先輩たちや料理人の誰に見られても恥ずかしくないようにとばかり意識し、自我を守るためにとにかく一生懸命でした。

料理学校の若い先生や助手にもプロの料理人に対するように相当厳しく当たったと思います。助手さんたちの素材の管理、道具の管理、素材への触れ方、置き方、冷蔵庫じまい、冷蔵庫の開け閉め、右にあるものを左に移す動作さえ、気になりました。私の周りにいた人は大変だったと思います。

「おいしそうに見えない」と言われて

一年ほど経った頃でしょうか、私の料理に対して、簡単なものでも「難しそう」とか「おいしそうに見えない」とかいう周囲からの声が私の耳にまで聞こえてきました。一方、父、土井勝の料理は「おいしそう、作りやすそう」と親しまれているのです。

父は、料理撮影の場合も若い助手さんに切りものを任せて、仕上げもほとんど直属のスタッフにさせており、自分では器を選び、料理を盛るだけという具合でした。納得のいかない切り出し（包丁の仕事）でも、許容して「よし」としていたと思います。

例えば切り身の焼き魚でも、約束事にこだわらずきれいな方を上にすればよしとして盛ることもありました。煮物や和え物を盛り付け、真ん中に天盛り（酢の物や和え物、煮物などを盛り付け、彩りを考えて季節の香りをとめること）の針生姜や木の芽（山椒の葉など）を用意しても、「ない良さがある」と無造作にそのままにすることもある。それでも色絵の鉢に父が盛り付けた家庭のおかずは不思議と力強く、見事なもんでした。

料理屋でやってきた完璧な仕事を最上級と信じこみ、そうしなければ恥だとさえ思っていたのは、場違いな思い込みだったと思います。きれいに切り揃えるものだけがいい仕事ではなかった。きれいに切り揃えるということだけが、よいのではない、そしてそれは、おいしさにつながることでもない。

切り揃えられていないものが美しく見えたり、煮崩れた芋の方が事実おいしいこともあることが、だんだんわかってくるのです。それからというものは、わざと太さや大きさを揃えない、盛りつける前に芋は軽く潰すといったことを、あえてやるようになりました。均一ではない、ムラをつくる方がおいしい、そしてそれは、家庭料理の特権と考え始めます。

皮ごと柔らかく湯がいた里芋を、つるりと皮をむいて、晒し布巾でぎゅっと握って味噌汁に入れる「ひねり小芋の味噌汁」は汁とよく馴染んでおいしいのです。後年話題になった、形を意識することなく軽くむすんだ不揃いのおむすびも、そうしたところから生まれました。

天然自然のおいしさを知らなかったショック

料理学校に戻って一年も経つ頃、長野の小布施町で料理指導をする合間に、初夏の信州の山を気持ちよく車で走っていた時のことです。山の斜面で、何かをしているおじいさんを見つけたのです。

その様子では、何かいいものを掘り出しているようでした。山菜採りの経験はほぼなかったけれど、興味津々です。どんなものが採られているのか知りたくなり、車を止めて、山に分け入っておじいさんに訊ねてみたのです。見せてくれたのは、鮮やかな緑に根の方が赤く、土に埋もれたところは真っ白の山ウドでした。親切にも土をはらって「食べてみろ」と促してくれました。

そこで初めて、ガツンと頭が殴られるほどの味の衝撃を受けたのです。「うわぁ！　おいしいですね」と喜ぶよりも、本当の採り立ての山ウドのおいしさを知らなかったことにショックを受けました。もちろん促成栽培のウドを料理屋でも使っていたのでよく知っていましたが、それとはまったく別物です。なんでも知っているつもりでいた私は愕然としました。本当の食材を何も知らない。それに気づいた瞬間でした。

日本料理では一年を通して、香りを山椒と柚子の二つを使い分けて象徴します。山椒は1月から4月、柚子は5月から12月です。どこの料理屋でも、年が改まると天盛りは柚子から山椒の木の芽に変わります。

料理学校の授業でも、ハレの料理の「春待ち」として、はしりの筍を使った若竹汁や3月の節句の蛤の潮汁《うしおじる》を習います。ところが、気づけば1月だというのにそれらの吸い口（汁物の季節を表し香りを添えるもの）に黄柚子を使っていました。

授業は父と母が作りあげたテキスト『おけいこ12カ月』（土井勝監修、関西割烹学院出版局、1965年）に依拠しているはずなのでこれは間違いだぞと、父に「春のお澄ましだから、春らしく吸い口は木の芽に改めてはどうか」と進言しました。すると父は「大阪（船場）では、3月の節句をもって柚子の使い納めとするという習わしがあってね。晩秋の熟した黄柚子をこの時期まで大切に持っているというのが豊かさだね」という。

なるほど、伝統の料理には意味があると納得させられました。確かに、3月の節句が過ぎて、中頃になってようやく庭の山椒も芽吹きます。

吉兆では「はしりもの」を多く使いました。安定して手に入るのは、人間が何かしら自然に手を加えた促成野菜があるからです。私がいた頃の伝統を重んじる料理屋の季節感というのは旧暦に基づいたもので、西洋の暦で生活する現実とはずれていました。古《いにしえ》の人は春の兆しを感じ取る感性に優れていましたが、現代の私たちの季節感は、暑い寒いといった体感温度だけで季節を捉えています。

今の私たちにとって気温の高い夏は、太陽暦で言えば7・8・9月です。それが旧暦では夏兆す5月から6・7月が夏になります。2月節分の翌日を新春として、2・3・4月が春、8・9・10月を秋、11・12・1月を冬とするのです。旧暦は、もっと寒い新春を春とするのですから、現在の季節感とずれていたのは木の芽だけではなかったのです。

旧暦なら農耕や和食の暦とピタリと合い、2月の新春に梅が咲き、5月の節句に用いる柏の葉は実際に餅を包める大きさになります。初物の青臭いカボチャは6月に実り、茄子も新物が出始めます。9月になればススキが穂を揺らし、新芋が出始めます。その新芋や初なりのカボチャを料理屋が使い始めるのは5月（太陽暦）でした。こりゃあきません。現実の自然にないものを使うことが料理屋ではあたりまえの習慣になっており、一方の料理学校では、露地の旬の食材を使うことが守られていたのです。

昭和の家庭料理では、まだまだ旬のものを料理して食べていたのに、料理屋でははしりものを尊ぶ日本人の習性も手伝って、高く売れる「はしりもの」を競って作っていたのです。旬がなくなっていくことをいち早く感じていた父は「旬が大事」と繰り返しました。旬のものはたくさん出回るので安価ですし、栄養価が高くて、手をかけないでもおいしい。家庭料理はそれでいいはずです。

「家庭料理は民藝だ」という大発見

修業した懐石料理の世界は必ずしも、正しいことばかりではなかったのです。そもそも、仕事に向かう情熱の角度も温度も違ったのです。ご主人を中心にした味吉兆の調理場には、命懸けで仕事する現場の面白さと、料理の腕を上げるという具体的な目標の達成という醍醐味があった。それは厳しいけれど楽しいことでした。

ですが、私が考えようとしている家庭料理とは違うものでした。そして、私がすべき料理指導は教育です。生徒は何がわからないのか、どう説明すれば理解してくれるのかを考えます。結果生徒が喜ぶ顔を見る楽しさはもちろんありましたが、何かまだ納得できていなかったんですね。ただ、修業時代に知った美しいものを知りたいという思いは変わらず、相変わらず美術館、博物館には時間を見つけては出かけて模索する日々でした。

そんなあるとき、京都の東山区五条坂鐘鋳《かねい》町にある河井寛次郎記念館を訪ねました。記念館は、寛次郎自身が設計し、家族と過ごし、作陶し、多くの客人を招き入れ、喜びに溢れる暮らしをした場所です。そこにあるもののすべてが美しく調和し、とても居心地が良く感じます。そのとき私は民藝の意味もまだ知らなかったのですが、河井寛次郎の作品とともに展示されていた、寛次郎の言葉に出会うのです。

「仕事が仕事をしています……苦しい事は仕事にまかせ　さあ吾等はたのしみましょう（仕事のうた）」「物買って来る　自分買って来る」「美の正体　ありとあらゆる物と事の中から見つけ出した喜」「美を追わない仕事　仕事の後から追ってくる美」「美しいものしか見えない眼」そうした言葉が私の胸には響きました。

美しいものを追いかけると逃げていく、淡々と仕事する後から美は追いかけてくる、それが仕事だというのです。一生懸命生活し、一生懸命仕事した場所が、これほど美しいとは。その美しさは、素朴で、無骨でしたがとても温かく微笑んでいる。物が呼吸し生きている。その一生懸命の結果の美しさにハッとしたのです。

ああ、自然と繋がる家庭料理は民藝なんだ。

それは私にとって大発見でした。普通の家庭料理がある暮らしがどれほど美しいものか、人間の原点を見たように思えました。家庭料理研究の先には、とても豊かな展望が拓《ひら》けているのではないか。

柳宗悦の本を読み、「上手物《じょうてもの》」の仕事に対して、「下手物《げてもの》」の仕事が劣るものではないとわかりました。鰯、秋刀魚、鯖、スルメイカといった庶民の暮らしを支える安価な魚を下手物と言うのです。それらは懐石料理屋では一切使うことはありません。味吉兆で触った上手物の魚は、鯛や平目などの白身の魚ばかりです。そうした上手物と下手物といった区別を日本ではするのです。でもそれは、安いから不味い、白いから美味しいということでは決してない。値が高いか、安いかの区別でしょうか。だし汁を取る鰹節や昆布は高級ですが、値のやすい煮干しはいけないのでしょうか。そういうことじゃないですよね。

下手物というと誤解する人もあるからか、「下手物」を柳宗悦たちは「民藝」という言葉に置き換えましたが、下手物には下手物の美があるのです。美とは何かを考え抜いた柳宗悦と同じように、料理の美を民藝の美と重ねて、美とは何かと考えました。民藝は美の問題ですから、料理もまた美の問題なのです。一流の料理人を目指して修業した頃のプロの料理に対する強い思いもありましたが、もっと大きな家庭料理の世界があることに少しずつ気づいていったように思います。

下手物、上手物という区別はケ・ハレの区別であることが、もっと後になってはっきりわかっていきます。ケ・ハレとは民俗学者、柳田國男が発見した日本人の世界観です。それは単純に日常と非日常を分けるものではなく、日常の中にも小さな心ばえのようなハレがある。そうした二重構造になったケ・ハレの観念は、二つの美のベクトルを生み、季節という時間の流れを取り込んで、日本の暮らしを限りなく心豊かにするものです。

季節を知りたい、素材を知りたい

ほんとうの食材のおいしさと自分自身の季節感のズレを自覚した私は、本当の季節の食材を知ろうと努めます。知人を通じて関西の篤農家を訪ねるようになるのです。

早朝のキャベツ畑に立って、キャベツ畑に降りた霜の氷つぶが、オレンジ色の光に、キラキラと輝いている。この景色を見て胸が震えました。野菜の美しさに惹かれた私は、カメラマンの田中祥介と一緒に、旬の野菜の素材写真を撮り始めました。食材ブームになる4~5年前のことです。田中は主にホルベインなどの色鉛筆を立てた俯瞰写真を畳一畳の大きさに引き伸ばすポスターのような、精密な広告写真を撮っていました。

朝早く大阪を出て畑に行き、野菜を分けてもらってきます。畑から掘り出し、根を傷めないように、畑の土ごとスタジオまで運びます。スタジオに持ち帰ってから土を落とし、田中のアイデアで、野菜をピアノ線に吊るして立体的に姿を整え、4×5のフィルムで撮影する。モデルのように写真スタジオで、普通の見慣れた野菜がライティングされ写真を撮られるなんて、これまでになかったと思います。想像していた以上に田中の撮る素材写真は美しかったのです。

そうなると全ての野菜を網羅したくなります。蕗《ふき》の薹《とう》から、濃い緑の根付きのニラ、5メートル以上蔓《つる》を伸ばすスイカまで、根っこから蔓の先までスタジオに持ち込みました。畑からトラックに野菜を積んでスタジオに運びこみ、朝から始めて夕方まで、元気のよいものから順番に撮ります。撮影を終えると、野菜は煮炊きして食べました。

撮影には時間がかかりますから、待つ間は野菜の「水揚げ」に一生懸命です。もうダメかなと思っていてもいざ自分（野菜のことです）の順番になると、それまでしょんぼりしていた野菜が茎や葉を大きく広げてみせてくれる。まるで野菜自身が意志をもって、きれいに写してもらおうとしているかのように感じました。

撮影するのは野菜の姿写真と分解写真です。分解写真というのは、野菜を調理的にカットして、各部位の特性と利用法がわかるように並べたものです。それから、魚の写真も撮りたいと思うようになり、大阪の黒門市場の魚屋のご主人に仕入れてもらった魚の姿と分解写真を撮影しました。魚はその内臓や真子《まこ》（魚類の卵）の状態で旬が読み取れます。魚の撮影を終えると、やはり刺身や煮炊きにして食べました。

そうした素材写真をコレクションするのは、昆虫採集をしていた子供の頃の気持ちと同じでした。この食材撮影は、とても楽しかった。楽しいだけで特別目的を持たずにやり始めたことですが、これほど美しいのだからかならず何かになるであろうと信じていました。

私の頭には、リヨンにいた時、アリックスさんの家族から、クリスマスプレゼントに頂いた、森の木々を集めた植物図鑑のイメージがありました。フランスには美しい写真集をプレゼントする習慣があったのです。

こうして、私にとっては、この食材採集と写真撮影は何よりも本当の旬を学ぶ機会になっていました。あてのない道楽仕事です。お金にもならなくて持ち出すばかりでしたが、ただ楽しくて、三年以上本気で続けました。なにより、田中祥介カメラマンもよく付き合ってくれたと思います。食材写真のコレクションは、野菜・果物が５６０カット、魚介類が３６１カットにもなっていました。

１９９０年から約三年間続いたこの「素材採集」は本当に勉強になりました。旬の適期というのは短くて、二週間ほどしかありません。つい先日あったものもタイミングを逃せば無くなります。旬の野菜は本当に美しく、また味がある。畑の逞しい野菜や魚市場のきれいな魚に出会うと、自分が元気になることを実感しました。畑にある野菜を見るだけで、それが何かすぐにわかるようにもなりました。

食材との距離がずいぶん近くなっていたのです。

憧れの田中一光さんに持ち込んだ写真素材

撮りためた野菜と魚の素材写真をぜひ本にしたいと、いくつかの出版社に持ち込みましたが、「この野菜はどこに行けば買えますか、取り寄せられますか」「この本はどういうジャンルの売り場に置くのですか」と予想外の応答ばかり。理解してもらえませんでした。アートやデザイン系の友人はみんな面白がってくれるのですが、うまくいきません。

こうなったらと、憧れのグラフィックデザイナー、田中一光《いっこう》氏（1930〜2002）の事務所を訪ねて見てもらったら、なんと、とても気に入ってくださった。無造作にポジを風呂敷に包んで持っていたら、「気をつけなさい。もしそれを代理店がやれば一億円はかかる」とおっしゃる。いくつか出版社にあたってくださったのですが、バブルが弾ける時期と重なり写真集など豪華なビジュアル本は、出版しにくくなっていました。

結局実現できなかったのですが、何度か青山の事務所で打ち合わせをしたこと、応援してくださったこと、食事に誘っていただき当時の最先端の話を聞けたこと、仕事をご一緒する機会が重なって我が家にお招きしたことなど、貴重な経験になりました。

その後も、素材に対する思いは続き、2001年から地方の伝統野菜を選び、家庭料理に仕立てるという企画が連載となり『土井善晴の野菜党宣言』（2003年、世界文化社）という一冊にまとまりました。今のようにネットもそれほど普及していない時でしたから、日本農業新聞を訪ねて情報をもらい、生産者と連絡しあって収穫のタイミングに伺い、一人自腹で現地に足を運んで取材し、撮影日に合わせて野菜を送ってもらって編集部と撮影です。伝統野菜ブームのさきがけになったと思います。

1987年に倒れた父の跡を継いで出演するようになった『おかずのクッキング』には、良くも悪くも鍛えられました。レシピを考える方法にもいろいろあります。沖縄が流行ると沖縄の料理特集をやろうなんて話になるわけです。それまで私は作ったことがないから、この人ならという人物を紹介してもらって、那覇に会いに行き、ご飯を食べて、沖縄を楽しみ、沖縄の人と一緒に時間を過ごします。レシピが作れるようになるために自分なりの沖縄観を持つのです。沖縄の調理師学校を訪ねましたし、琉球料理の随一を伝えていらした山本彩香さんとは意気投合していっぺんに仲良くなりました。

東京に戻ってから、豚の三枚肉を茹でて、ラフテー（角煮）やジューシー（炊き込みご飯）、クーブイリチー（昆布と豚肉の炒め物）などを作りました。角煮はお祝いの料理だから真四角に切ることも、何も無駄にしない「一物全体」という考えがあることも、ラードをご飯に混ぜ込むことも、沖縄の人の心がわかって初めてできたこと。自分の言葉で沖縄を語れたのです。テレビで紹介したら、彩香さんはちゃんと見てくれていて、ジューシーは最後にカステラかまぼこを入れるのが本当よ。「ゴーヤー」は、「ゴーヤ」じゃなくて、「ヤー」と伸ばすものよ。と、明るく叱られながら、伝統の大切さ、沖縄の人々の気持ちを知ることになりました。

料理学校の指導要綱を作成する

料理学校では、私は十人ほどいた教授のひとりになりました。

生徒の数を減らしていた料理学校ですが、私は、教育の中身さえ充実できれば再生できると考えていました。生徒に指導して少しでも料理ができるようになったり、料理を好きになってくれたりすることに喜びを感じてもいました。学校の運営や調理指導における改善案が山ほどあり、私はいつも張り詰めた気持ちで仕事をしていました。でも、料理学校の雰囲気はなんだかぼんやりしてきて、もっと良い学校にしようとする迫力はなくなりつつありました。

結局、丸7年間、1995（平成7）年3月に父が亡くなる間際まで、父と息子という親子の関係でくつろげる時間はありませんでした。私は学校の一大事、だから戻ってきたのです。ですが、学校を守るためにやらないといけないこと、やるべきことはいくらでもあるというのに、誰もかもが呑気そうに見えていた。そんな時父が「善晴は料理しかできないからね」と雑誌撮影の合間に親しい仕事仲間に口にして気遣ってくれていましたが、そのままの親心を受け取れずに、とにかく悔しくてたまらなかったのです。

料理学校では、教授・助教授といった先生方がシフトを組み、教壇に立って指導していました。先生たちの考え方や指導方法が統一されず、同じ料理を指導するにも方法や考え方が違っていることがある。それによって、準備の仕方や実習方法が変わりますから、準備をする助手たちも大変でたまりません。生徒指導に向けるべき注意がぜんぶ教授に向けられ気を遣うばかり、あらゆる問題の原因になっていたのです。

これではいけませんから、毎週行われる授業（本科・師範科）の指導内容を統一するために指導要綱が必要となりました。それは『おけいこ12カ月』の虎の巻のようなものです。他の教授陣にもなかなか快く協力してもらえなかったのですが、一人一人すべての先生にヒヤリングして指導要綱として一つにまとめ、一週前に模範授業を、講師の先生を集めて行うようにしました。それでも、集まってくれた先生は半分くらいでした。

一年間のカリキュラムのバランスを考えて一つの授業で教えること、ないしはその授業で教えないことを分けて、調理ポイントや実習の手順を決めます。指導要綱の作成は、学校の仕事をわかりやすくオープンにして、それなりに生徒指導の効果を上げたと思います。助手たちは学ぶべきこと、何をすればよいかが明らかになりましたし、若いやる気のある先生が誕生したのです。指導要綱の作成で、私も勉強させてもらいました。

料理学校に戻ってからというのは、本質的には料理学校再生しか考えていなかったと思います。ただ、一生懸命でもなかなか事態は好転せず、学校が閉鎖されるXデイがいつかやってくると怯えていました。

料理学校の閉校というXデイ

1987年、六十六歳の父は日立市で講演中にくも膜下出血で倒れ、以後、全てが変わっていき、私たち家族も大変な状況に巻き込まれていきます。料理学校の生徒は減り続け、時代はすでに変わっていたのです。父の料理学校を応援するために必死のパッチで身を粉にして仕事をしていた時でした。父を見舞うことよりも、料理学校のために必死の日々が続きました。

有楽町にあった東京校を皮切りに、一つ一つの城が攻め落とされるように、土井勝料理学校の教室は閉鎖され、いよいよ経営が難しくなる時期と重なります。料理学校で仕事しながら、Xデイはいつくるのか、その後一体何が起こるのかを思うと、恐怖心でいっぱいでした。恐ろしさを拭うように仕事漬けの日々でした。この頃を思い起こすと、かなりなストレスがあったことは、食事を食べてもまったくおいしさを感じられなくなっていたことでわかります。心が苦しんでいると人間って、どうかなってしまうのですね。その時は料理学校をなんとかしたいと願う一心で、自分の健康のことなど気にかける余裕はなかったのです。

おいしいもの研究所をつくる

考えの相違から、すでに料理学校内で居場所を失っていた私は、料理学校の運命と自分の担うべき事の行先を思いながら、1992年に「おいしいもの研究所」を設立して独立しました。と、書くと簡単ですが、会社を作る、資金はどうする、といったことについては、私の知らぬまに妻が全部お膳立てしてしてくれていました。

当時私が請け負っていた地方のレストラン開発・指導の仕事と、すでにバトンを渡してもらっていた『おかずのクッキング』を引き継いで継続するために交渉し、受け皿となる会社です。

独立後は、実家にいながら、奈良の生駒の軽井沢町の山沿いにある一軒家の民家に大きな冷蔵庫を入れて仕事の拠点を移し、東京の仕事のために広尾にアパートを借りて、綱渡りのように仕事をしていました。人生で一番ドキドキした時代です。この時期は本当に苦しかったのですが、生駒山のおいしいもの研究所は自然の中にあって、眺めも空気も水道から出る山水も、清らかでした。また、生駒に導いてくださった箱崎典子さんの「やきものいこま」が東生駒2丁目にありました。開発業務の仕事のパートナーであり、誰よりも私を応援してくれていた方です。少しでも時間があればいつもそこに行って時間を過ごしました。それまでとは、違うものに支えられていたのです。

年末のおせち料理を十分な設備もないその環境で作り、30軒分くらいのお重詰めを販売しました。材料集めから始めて、数十種類の正月料理に挑戦です。年末の30日は、いよいよお煮〆に最後の火入れをして味を決めていく日です。ところが、ストレスのせいか味見をしても味がわからなくてほとほと困りました。目で整えて、応援に来てくれた妻に確認してもらいながらでした。5日間ほとんど眠らず仕事をして大晦日前夜からおせち料理を詰めはじめ、大晦日の明け方に詰め終えた途端、なかば気を失うように2時間ほど眠ったそうです。朝起きて、お重を車に積み込んで、配達に出かける頃から幻が見え始めました。配達を終えるまで、ニコニコ笑っている人の顔ばかりがどこを見ても浮かび上がって見えていたのです。

1995（平成7）年3月に父が亡くなりました。父がもしもう少し元気だったら、それから、料理学校や家庭料理にもっと集中してくれていたら、料理文化の新たな土壌を耕すことができたのではないか。そんなことを思わないではありません。

理解してもらえるかわかりませんが、命懸けでやる仕事というものがありました。佐伯義勝先生はお母様が亡くなられた時も仕事が終わるまでシャッターを切り続け、深夜大阪からタクシーで東京へ帰られたことがあったそうです。当時は、時代のせいなのか、私の中にもそういった仕事への構え方がありました。

父が亡くなったその通夜に、お寺に作られた祭壇の前に火をたやさぬようにと座っていました。気づいたら、私一人になっていたのです。その時私は、初めて父と向かって話をしました。言葉を交わし、そう、本当に心から話ができたと思います。父と私は、親子でしたが、ライバルでもあったのかもしれません。それでいて家族という独特の甘えもありました。向かい合って話すこともせず、お互いわかってくれているだろうとただ思っていたのです。

父が亡くなってしばらくして、友人のお祝いパーティーに出かけた折、ハッとしたことがありました。ホテルのロビーを横切りパーティー会場に向かいながら、裸ん坊の丸腰になったようで心細さを感じたのです。それまで自分は土井勝という鎧を着せてもらっていたと知りました。

2年ほど前に、糸井重里さんに「後ろにお父さんが見えます」と言われたのですが（お化けじゃないですよ）、そう、今でも、常に父は私の後ろ盾でいてくれているのです。

父の死から間もなく、時代の趨勢で料理学校はすべて閉校します。対外的な仕事の受け皿と私の仕事場は「おいしいもの研究所」となりました。「やきものいこま」の箱崎典子さんが分厚い欅の板とたっぷりの墨を用意して「おいしいもの研究所」と私に書かせ、看板として立てていただいたことは僥倖《ぎょうこう》でした。次なる人生の新たな始まりです。

結局、「善晴は料理しかできないからね」と父が言ったことは本当でした。

おいしいものがおいしくなくなる理由

素材を意識するようになると、時間の経過で味が変化することを意識するようになりました。秋に信州でもぎたてのりんごを初めて食べた時のことがわすれられません。開発の仕事で長野に通うようになるまで、赤い実をつけたりんごの木を見たこともありませんでした。そのりんごは驚くほどおいしくて、一緒にいた幼い娘もうずくまって芯まで飲み込む勢いで食べていました。

ところが、籠に入れてもらってきたりんごを翌日東京で食べると、昨日の感激はありません。それは、自然の中で味わったからなどというより、何かが失われているからでした。そうした「見えない変化」はどこからくるのでしょう。りんごに限らず、そうした経験を重ねていた私は、鮮度が落ちるとは、野菜や果物の命が尽きていくことだという考えに至ります。りんごはそれまで母木と繋がっていた。母木からもらい蓄えていた栄養を、今度は子孫に与えるべくスイッチが切りかわるのではないか。

お米屋さんから届けていただく精米仕立ての米も、袋から開けてすぐ炊いた時は美味しいものです。それを知っている妻はお客さんが来ると新しい袋を開けてご飯を炊いています。おかげで我が家に来る仕事仲間やお客様の間で評判はすこぶるよく、我が家のご飯は美味しいとなっていました。

意識して米に触ってみると、近頃の米には、カサカサしており、ひびの入ったものもあります。子供の頃米櫃《こめびつ》に手を入れた時の感触を思い出してください。米はヌルヌルとしていたでしょう。米粒を保湿する糠が完全に取られているからです。要するに精米が深くなっていたのです。家庭から排出される米の研ぎ汁が川を栄養過多にして、生態系を壊すというニュースが流れていました。無洗米が売り出された頃から、総じて精米が深くなりました。新しく導入した無洗米ができる精米機によって、古い精米機は廃棄されたのです。米糠のない裸にされた米は、すぐに風邪をひいてしまう。精米機にかけられ、熱を持った米は過度に乾燥して割れ米になるのです。精米したての袋を開封した時は良いですが、二日目には劣化してまずくなる。これでは生産者の努力も一瞬で消えてしまいます。

そうした経験から、指導していた料理屋では、精米機を入れて玄米から精米し、精米仕立ての米でご飯を炊くようにしました。小布施の蔵部という居酒屋では、おくどさん（釜戸）を作って、薪でご飯を炊くなどしました。おいしさを突き詰めると、自ずと食の原点にある自然に行き着くのです。

うまい漬物をつける人は信用できる

精米した米糠で糠漬けをつけるようになればいいのですが、私が指導した店舗でも、おいしい漬物が提供できるようにはなかなかなりません。漬物というのは、理論を教えて頭でいくら理解してもできるものではないのです。糠漬けでも塩漬けでも、いつも気にかけて可愛がってやらないとすぐダメになってしまう。生きものと同じなんです。といっても、なかなか難しいと思います。会社なら、糠漬けをみんなで管理して、その日に出勤している人がかき混ぜるなんてルールを決めても無理なんです。だれか自分が休みの日でも糠床が気になるということにならないと、糠床というのはすぐダメになるものです。「おいしいもの研究所」では、夏場は糠漬け、冬場は白菜漬けを切らさないようにしています。それを長く勤めている平澤陽介がみてくれていますから、かなりおいしい漬物が常時あって、お客さまの楽しみにさえなっています。おいしい漬物が漬けられるということは、誠に信頼できるということです。

糸魚川に茄子漬けの名人があると聞き、料理を指導していた酒蔵の工場長と一緒に訪ねました。その茄子漬けとはビールのコマーシャルでも有名になった新潟の巾着ナス（十全ナス）のどぶ漬けです。塩水に錆釘を入れ乳酸発酵したところにヘタを切った茄子をつけるだけ。ガブリとかぶる美味しさが見事で、こんなにうまい茄子漬けは初めて。おいしさの理由を知りたい私が素直に質問すると、早朝に採った茄子を「朝露の乾かぬうちに漬けること」と教えてくれました。その言葉を聞いて、ここまできた甲斐があったと思いました。

大雪の積もる長野、野沢を訪ねて、野沢菜をいただいたこともありました。屋根の上で雪の軋む音を初めて聞きましたがすごい音ですね。樽の表面が凍るほどの気温が漬物には一番いいそうです。漬物小屋で鉢に山盛りに出してくれた漬物は、呆れるほどにおいしくて、ひと鉢分を食べてしまうほどでした。その姿を見て土産にと野沢菜をもたせてくれたのですが、その美味しさは東京に着く数時間のうちに消えていました。おいしさはどこに行ったのか。漬物は生き物なのですね。

目に見えないものの存在を、私たちはいつも意識して生きてきたんでしょう。菌の働きや「きれい」にすることの意味を深く考えるようになりました。漬物も味噌も生きている。だから減塩すれば雑菌がわく。腐敗と発酵の違いは、人間が決めるものです。その判断基準は「おばあちゃんがこれは大丈夫といえば安心」だよと、敬愛する醸造のマイスター、雲田實さんに教わりました。

師匠の雲田さんの庭

雲田さんはすでに他界されましたが、私の師匠の一人です。長野市にあった彼の家の庭には、40年、50年ものという種や苗から育てた山野草がぎっしり並んでいました。小さい頃から植物が好きで、「自分は植物を枯らした記憶がない」と聞いた時はびっくりしました。彼の庭の美しさを見ていただければ誰でもその言葉を信じると思います。

雲田さんとは、折々の季節の山行きを、毎年20年以上も同行させていただきました。山に慣れない私は当初はついていくだけで精一杯でしたが、彼の示す先にはいつもキノコや山菜がある。同行するようになって6～7年の頃には、自分でも見つけられるようになってきました。山のものが見えるようになった時、山のほうが私を認めてくれたのだと感じました。

雲田さんは新潟の三和村（現在は上越市）のご出身、学者肌の風流人で、料理関係で彼ほど理論的に物事を捉えて話される人はいませんでした。科学では説明しきれない目に見えない発酵菌の働きを知っているのです。

麴菌の管理温度が1度変われば発酵菌の様子が変わるそうです。雲田さんは機械制御以前から管理してきた方です。「この美味い酒は俺が作ったなどという思い上がった心は強く戒めなければならない」という言葉が口癖でした。

不思議なことに、私の友人といえば大方、私よりも年上の方ばかりでした。お年寄りは自分の知らないことをいつも教えてくれます。雲田さんは亡くなられる前年の２０１３（平成25）年の春、桃の花の咲く頃に自ら仕込んだ味噌を私に残してくれました。もう9年にもなりましたが、まだ冷蔵庫に少し残っています。今取り出して見たら、八丁味噌のように黒くなっています。

建築家　坂茂を訪ねる

地方のレストラン開発の仕事は、地域の風土や施主の思いのこもった建築計画から始まります。その範囲で、その建築物にふさわしいレストランを作ってくれと要求されるのです。土地の自然風土や歴史、施主である地元の企業にとって意味がある料理が求められるので、当然、建築にも興味を持つことになります。

私が関わる施主の建築物がある賞を受賞して、建築雑誌『新建築』に掲載されていたので眺めていたら、同じ号に掲載されていたのが、坂茂《ばんしげる》（１９５７〜）の建築でした。

その頃バブル期の流行に乗って、親戚が健康スポーツ施設をつくろうと大手ゼネコンと話を進めていました。レストランのことで協力を求められ打ち合わせに出席したものの、あまり良い予感がしません。とはいえ、ダメだと思ってもなぜダメなのかを私は説明することができず、歯痒いばかりでした。

周りには相談相手もいなかったのですが、建築雑誌で見た坂茂を思い出したのです。改めて彼の作ったヴィラＴＣＧ（１９８６）の作品解説を読んでこの人ならわかってくれると直感した私は、すぐに坂茂建築設計に電話し、大阪から東京の彼の事務所を訪ねました。

そのとき坂茂と私は同い年の三十歳でした。会っていきなり3時間以上話しこみました。アメリカのクーパー・ユニオンで建築を学んだ彼は、なぜそれをするのかという自作品への問いに明快に答えます。意味のない窓も線も一切ありません。すべてに理由があるという建築論と私の料理観は一致していました。彼の建築論と私の料理観はフィットしたのです。

施設の計画の方は大阪まで足を運んでもらい、親戚にも会って話してもらって、ご破算になりました。その後まもなくバブル経済は崩壊し、親戚のものには、あのまま実行していればどうなっていたことかわからないとずいぶん感謝されました。

アトリエ兼自宅を建てる

坂茂の建築は、「プロブレム・ソルビング」。形が先にあるのではなく、正しい問題解決によって形が生まれるという考え方です。敬愛する陶芸家、福森雅武が言う「形（器）を作るのではなく中身を作る」こと、それから「良き精神の仕事に美はついてくる」という民藝の思想、ひいては自然に従う和食の思想とも一致すると私は思いますが、坂茂はそうではないと言うかもしれません。

彼に最初に出会った頃から、いつかは彼に自宅を建ててもらいたいと願っていました。

料理学校の問題もあって、まったく実現できるとは思いませんでしたが、初めて会ってから15年後の2002年に、その夢が実現しました。坂茂の設計で自宅を兼ねた仕事場が建ったことは、心からうれしいことでした。

当初生きていく手段としてレストランにもなるように設計された一階は、料理研究家のアトリエ（厨房）兼ミーティングルーム（今では書斎を兼ねる）。二・三階は自宅です。二階には、妻の台所を中心にしたリビング。三階は寝室と風呂と子供部屋でした。

建築を具現化した模型を初めて見た時に聞いたのは「ここに人は住めるんですか」でした。まだ僕たちは若いんだから、今から落ち着いたクラウンやベンツに乗るよりも、フェラーリやランボルギーニに乗ってみようと思いませんか。そう言う彼の設計コンセプトは明快でした。

私自身は、純日本建築ではなく、超モダンな坂茂の建築に住むことで、彼の建築に影響を受けたいと考えていました。自分の料理が進化することを期待したのです。結果、期待通り彼の建築は私の大きな力になっています。この家で生活し、仕事をするそのこと自体がクリエイションなんです。建築家の理にのり、その場を受け入れることから創造性が生まれるのだと思います。

合理的に無駄がない理想の実現が、良い結果をもたらすとは限らない。それをいつも教えてくれる場所です。

父から引き継いだ『おかずのクッキング』

話が前後しますが、奈良の生駒のおいしいもの研究所を本拠地にして撮影や試作などを行い、東京では仕事の調理の準備をするために借りたアパートに寝るスペースがなくなりホテル住まい、その上で、毎月長野、栃木、岡山に開発指導に出かける、そんな日々を送っていた頃のことです。大阪にいた家族といられるのは、出張のない土曜日の深夜、実家に帰った翌朝の朝食を取る時間くらいだけになっていたのです。

そんな時、いい借家があると教えてくれた人がありました。場所は世田谷区奥沢、仕事場にできるような借家を見つけてくれたのです。根っからの大阪人でまさか自分が東京に住むようになるとは思いも寄らぬことでしたが、人生の流れに乗って、(深く考えることもなく)家族の住処と仕事の拠点を、共に1996年に東京へ移したのです。原稿を書くにもパソコンが使える時代になっていたし、おかげで仕事の方はずいぶん快適になりました。ただ、この時期は、『おかずのクッキング』のレシピもそうですが、少なくとも一週間に一度は徹夜になって、レシピを作りました。午前中に材料を揃えて、翌朝まで試作は続くのです。

父から完全に引き継いでいた『おかずのクッキング』は月曜日から金曜日までの帯の5分番組で、一回の放送で一つの料理を紹介しており、コマーシャルに挟まれて2分30秒くらいでした。全体の調理の手順に加えて、料理のポイントを解説して、最後にざっと盛り付けて、父は「お子たちにも喜ばれます」と決め言葉で番組を終えます。1974年から始まった長寿番組ですから、ご存知の方も多いと思います。その時私はまだ高校生でした。88年に初出演して、94年には番組名が『土井善晴のおかずのクッキング』になりました。

番組に鍛えられる

試作というのは、開発の料理研究もありましたが、『おかずのクッキング』がほとんどでした。ひと月に4週分として放送分が20献立、テレビテキスト『おかずのクッキング』には、特集ページと週ごとのテーマで膨らみを持たせた料理が掲載されました。1ヶ月に30のレシピ、隔月刊でテキストは発売されましたから、テキスト撮影のためには何かしら60ほどの工夫と変化をつけたレシピが必要です。

今考えても大変ですが、その頃はまだまだ未熟でした。オリジナルとか伝統的なものとかさまざまに考えるものの、実際には出来もしないことへの挑戦も多い。出来損ないの料理もまた多かったと思います。料理を作って、盛り付けて、写真を撮って、試食して、良ければ（問題なければ）、レシピを書く。

「味見」とはほんの一口食べたりスープを飲んだりすればいいというわけではありません。いつも作っている料理であれば、料理の一部を食べて全体を推しはかりイメージで判断できます。でも、初めて作るものや、食材を組み合わせたものに関しては、一口ではわからないことがあまりにも多い。だから、いろいろなことを考えながら食べ進み、およそ一人分を食べてしまわないとわからないのです。最初いいなと思って食べていても、途中で飽きてしまうものもある。ですから、食べながら考えていくしかありません。

料理する人の作業対効果も必要ですし、ただおいしいということでもいけません。こんなことができるぞ、こんなものを作れるんだぞ、とプロの料理人であれば当然見せたくなるのです。私ももちろんそうでした。

同時に、これは私が作るためのレシピではなくて、視聴者や読者が作って食べるためのレシピです。それなら定番料理ばかりで本当はいいわけです、何も変わったことをする必要はありません。しかしそれでは、番組は成立しない。何かしら変わった工夫を、世間か自分かはわかりませんが、要求していたのです。そうした矛盾の中にあっても、自分自身が納得できなければ気が済まないのです。

若い時に『食生活と身体の退化』で読んだ食の大切さや、食文化を守ることで民族が維持できるのだという考えは1ミリも変わることがありません。ですから、新しい加工食品を用いることも手抜き料理ばかりで済ますことも、私には考えられなかった。時短料理とはまた違い、「手抜き」という言葉そのものが心無い言葉にしか聞こえませんでした。『おかずのクッキング』には、鍛えられたと思います。

出演は父の代からは48年、私自身が出演するようになってからでも34年です。2022年3月で番組は役割を終えることになりましたが、番組には感謝しています。

マラソンで十歳若返る

料理の試作は、作ったものをほぼ完食して、それが朝まで繰り返されます。時間があれば作って食べるので、運動不足も加えると確実に食べ過ぎでした。気がついた時にはずいぶん太って顔が丸くなっていたのです。運動もせず、試作して、盛り付け、写真を撮って、食べて、よければ原稿を書くという作業の繰り返しは、私を太らせ、健康を奪い、体力も奪っていたのです。次々ある試作、そうなると料理をするために立ちあがることさえ、「しんどいなあ」と感じるようになっていたのです。三十代の頃、人間は気力でやっていけるものだと考えていました。

それが四十歳近くになると、どうも気力だけではやっていけそうもないと感じ始めます。体力がなければ仕事が辛くなる。仕事をするのがしんどいなんて思ったら、こんな辛い人生はないでしょう。だからと言って、仕事のトーンや完成度を落とす訳にはいきませんから、そのためにものすごく頑張ることになる。仕事のレベルは絶対に落とせないので、それを凌駕《りょうが》するエネルギーが必要になるんです。

そうなると、自分がしんどいから、人に対してきつくあたるようになっていきました。その頃は風邪をよく引くようになっていたし、体調の悪さを自覚していたし、10年もすれば自分は死ぬのではとも思っていました。

そんなある日のことでした。材料の買い出しに行った帰り道にスポーツ店が目に入り、なぜかわからないけれど、ＦＩＬＡ（フィラ）と書いた白いトレパンを買ったのです。

それがなぜかわからないけれど、翌日から毎朝歩き出しました。

　でも500メートルも歩かないうちにアキレス腱が痛くなる。そうなると立ち止まり階段でストレッチをしてまた少し歩く。そんなものでした。それでも30分と時間を決めて歩いていると、歩く距離が毎日少し伸びていきます。歩く距離が伸びると早く帰って仕事しよ、となって駆け出すようになりました。いつの間にか、毎日30分ゆっくりなら止まらないでも走れるようになっていたのです。

　仕事を一緒にしていた人から、「皇居の周囲を走ってその後で宴会をしますが、参加しませんか」と誘われたのもご縁でした。皇居近くのお風呂屋さんに荷物を預けて走るのだという。スケジュールを合わせて、3ヶ月後の8月の夜に予定を入れました。約束した限り迷惑をかけられないと、それからは毎日2キロくらいでしょうか、走って備えたのです。皇居は一周5キロ、5キロなんて走れるのかと不安でしたが、彼らと一緒におそるおそる、であっても思いのほか楽に走りきることができました。

　その時まで、自分の人生でスポーツというのは、好きなサッカーやテニスを見るばかりで、自分がする側になるのはもう終わったと思っていました。ところが毎朝走るのが楽しくなって、子供の時のように辛さを感じないで走る自分が嬉しくて、走りたくて、走りたくて仕方がなくなっていました。

その後は、知り合いのカメラマンに誘われて、翌２００２年1月の千葉マリンハーフマラソン、春に行われる掛川フルマラソンに続けて出場。思いがけずゴールまでしっかり走れて、掛川では、3時間40分のタイムでした。そのままの勢いで、7月末には、富士登山競走に出場して、こちらは完走できなかったですが、突然ランナー・デビューしていました。

その頃は、体重もかなり絞られ、見た目もランナーになっていたと思います。マラソンを始める以前に比べると、見た目にも十歳は若返りました。それまで体調で気になっていたところは改善され、自分の身体がすべてリセットされたように感じました。もちろん、マラソンの練習ばかりに時間を使えず、5、6年後には、中途半端にただレースに出て完走するだけで終わり、走るモチベーションが上がらなくなっていました。

ターニングポイントになったのは、２００8年にチャレンジした北海道のサロマ湖１００キロウルトラマラソンです。そのゴールには、雑味のない幸福感がありました。そこに至る練習と完走は、私にとって人生が変わるほどの意味があったと思っています。マラソンで得られたのは、確実に体力向上できたこと、自分の体を見つめることができるようになったこと、それに、苦しいことを楽しめるようになったこと、この三つです。

日本の家庭料理独習書

東京に来てからしばらくして新しく始めたのが、早稲田大学のオープンカレッジ「エクステンションセンター」の講師です。デモンストレーションではなく、調理理論を教える「おいしさ概論」という授業です。生徒は、座学で料理の何を教えてもらえるのか、当初はイメージできなかったようです。料理はおいしくする技術だと思われていたからです。

なぜそうなるのかと根本から考える講義にしたいと考えました。まず、複数ある調理の選択肢から、なぜその調理法が選ばれるのかを考えます。和・洋の調理の現場、レストラン開発、またプロと比較しての家庭料理の調理指導の経験を踏まえて、実現できる授業イメージはあったものの私にとってはチャレンジでした。さまざまな角度から調理を考えるのです。

同じ「調理」という言葉で表現されるのでも、プロのすることと、家庭料理で行う手法との違いを、意味を含めて明解にしていく。例えば、「ほうれん草のおひたし」なら、家庭料理のおひたし（実家で食べていたもの）と料理屋のおひたし（味吉兆で作っていたもの）、また、栄養大学のテキストにあるほうれん草のおひたし（テキストに示されたレシピ）と高校生の家庭科のテキストにあるほうれん草のおひたしは、それぞれ全く違うものです。目的と考え方によって技法は変わるのです。その差異を、料理の技術と思想で分析するとどうなるか。そうした考察を日々重ねておくと、レシピを見ればそれを書いた人が何を考えているかが見えてきます。

また、授業のあり方は、炙る（焼く）、茹でる（煮る）、炒《い》る（揚げる）、蒸《ふ》かす（蒸し焼き）、膾《なます》（刺身、塩・酢）、干す・発酵（保存）というように、一回の授業を一つの調理法に特化することで、多様な調理方法を比較しつつ理解を深めるようにしました。私なりの調理論の授業です。

そうした授業を春と秋の講座に分けて4年間ほど続けてひとつにまとめたのが、『日本の家庭料理独習書』（高橋書店）です。それまでプロのさまざまな調理法を解説する書籍はありましたが、プロの調理法の原点にあたる家庭料理という調理法（基本）とその応用料理を解説しました。

そもそも家庭料理という言い方は、プロの調理法に対してあるものです。しかし、原点、または純粋料理という意味で家庭料理の本来性を考えると、家庭料理こそただ「料理」という呼称で十分なはずです。家庭料理という原点の料理に対して、お金を取るための工夫や装飾性を施すのが料理屋の料理ということです。

魯山人は、「料理芝居」という随筆に、「家庭料理は料理というものにおける真実の人生であり、料理屋の料理は見かけだけの芝居だということである」として、その違いを明らかにしています。

早稲田大学「食の文化研究会」を主宰する

大学での授業経験の蓄積で、「料理」を学問として考える可能性を感じ始めました。「人間はなぜ料理をするのか」「食事とは何か」「料理とは何か」また、「おいしいとは何か」を通して、「人間とは何か」という大きなテーマを考えるのです。早稲田大学の美学の先生を紹介いただいて、文化構想学部非常勤講師・感性領域総合研究所招聘研究員にもなりました。

早稲田大学では、哲学や美学の先生とともに、食の文化研究会を主宰しました。食の世界にもすばらしい人が大勢いる、でもそうした人たちは一様にものを言わず、自己宣伝もしないで淡々と仕事しています。たとえ客に料理を褒められても、「私は何にもしていない、食材がよかったのです」と言うだけです。そうした人の見えていない仕事、言葉になっていないもの、なぜその仕事が素晴らしいのか、そして、そんな人の存在を何より学生に知ってもらいたい。それが動機でした。それは味吉兆の修業時代から描いていた大きな地図でもありました。

食の文化研究会は、尊敬する料理人や食の技術者をお招きして、美学や哲学の側面から言葉にされていない話を聞き出そうというもの。お招きしたのは、銀座の鮨「水谷」の水谷八郎、レストラン「コートドール」の斉須政雄、京菓子司「末富」山口富藏、京都「和久傳」大女将桑村綾、佃煮「鮒佐」大野佐吉、味噌マイスター雲田實、琉球料理の山本彩香、日本民藝館学芸部長の杉山享司、堺の「銀シャリ屋 ゲコ亭」主人の村嶋孟、武者小路千家の若宗匠・千宗屋、ゴリラの研究者であり元京都大学総長の山極壽一、作家・生活史研究家の阿古真理といった面々（順不同敬称略）でした。

当たり前のことですが、当日いきなりでは彼らの仕事ぶりを理解し、素晴らしさを知るまでには至りません。ですから、事前に彼らの仕事ぶりを学生と共に見学する。また、可能な限り、実際に食の達人たちの店で食事をしたり、現場で共に時間を過ごし経験しておきます。沖縄にも学生を伴っていきました。

経験を重ねて知見を得た上で、仕事のすばらしさや、観点を示したレポートを私が書いて配布し、当日学生も質問者として登壇します。講演と質疑応答で90分、とりあえずここで終わりなのですが、休憩を挟んで、希望者のみということにして（実際にはほとんどの人が残るのですが）、さらに90分以上の質疑を設けました。特に休憩後は、ゲストの皆さんも乗ってきて楽しく盛り上がる会になりました。学生は、自分達が目指すものとは別に豊かな世界があることを知り、うれしそうな笑顔を見せてくれました。

和食の百科事典を作るハードワーク

料理研究家には、様々な企画が飛び込んできます。百科事典をテーマごとに分冊して刊行し、最終的に一つのファイルにまとまると百科事典になるという、イタリアで生まれたパートワークという出版方法があります。その手法でデアゴスティーニ・ジャパンからの依頼が来たのです。

それが2005年から発売された『週刊　土井善晴のわが家で和食』です。主菜、副菜、飯物、汁物、甘味のレシピに加え、簡単にできるレシピ、「日本の味・和のこころ」

という読み物、食材研究、和の基本という構成内容を、季節に合わせて一週間に一冊、100号（プラス目次一冊）出版する企画でした。これが厳しいもので、販売数が少なくなるとその時点で企画が終わってしまいます（終わりませんでした）。

各号には30品目、100号で通算3000のレシピになります。お話を聞いた時に「和食の百科事典」を作ることに魅力を感じました。レシピの数を増やすだけならいくらでもレシピは作れるのです。何かをプラスしたり外国の食材を組み合わせたりすればいい。でも、それでは百科事典にはならないし意味がありません。

一つの食材を考えるだけでも、食習慣にある基本的な定番料理のバリエーションから始めて、祝い事や伝統行事の応用料理に至るまで、レシピの中に優先順位が必要です。日本の季節の移ろいと掲載号の発売時期とのギャップがありますから、旬の時期にしか手に入らないと思われる食材は、一年前に撮影しなければいけません。

さらに、各号に軽重のばらつきがないように、どの一冊も読者が納得できるだけの内容の厚みがなければいけないのです。編集者はチームごとに複数が毎号入れ替わるので、100号を通して全体と前後のつながりをイメージできるのは私だけ。どの月号には何を掲載するかの表を作って内容を振り分け、料理と撮影に落とし込んでいきます。

朝8時から開始し、素材撮影、下ごしらえ、加熱といったプロセス撮影と並行して、随時出来上がった料理を盛り込んで、出来上がり撮影を行います。体力もあり、反射神経の良い料理カメラマンの白根正治さんが適役でした。当初は、朝9時から夜10時ごろまでかかりましたが、撮影を重ねるにつれ、終わる時間は夜7時ごろになり、2年目になると夕方6時、5時ごろには終わるようになりました。

この2年間は、通常の仕事ももちろんありましたから、その合間に試作、料理メニュー決め、原稿、校正作業にいつも追われた繁忙の時期でした。地方の開発の仕事、食材撮影、料理の基礎指導という経験がここで一つになったのです。

祝いの料理

当時の料理の撮影は、そうでなければいけないという空気があり、フィルムで行われていましたが、すでにファッション誌など趨勢はデジタルに切り替わっていました。出来上がり写真は、白黒のポラロイド写真で見られるのですが、調理の要領を示すプロセス写真の確認がポジフィルムではできません。繊細な料理はデジタルでは表現できないと言われていましたが、和食の特徴は下ごしらえにあります。そこを見せなければいけないと考え、デジタル写真が撮れる料理カメラマンにお願いして『おかずのクッキング』のテキストでさっそく取り入れました。そうした改革は私の一存でできるものではありませんが、ちょうど新しく、稲葉真希子プロデューサーが着任したことで実現できました。彼女は、料理編集は未経験でしたが、それだけに先入観なく私の料理のエッセンスを引き出してくれたのです。写真のデジタル化により、プロセス写真が的確に美しく見せられるようになり、紙面はガラリと変わりました。

中でも記憶に残るのは『祝いの料理』（テレビ朝日）という一冊です。吉兆でも、瀬戸内の魚を豊かに使った大阪のおせち料理には全ての調理技術が含まれると言われていました。お重詰めの、一の重には「祝い肴《ざかな》（お口とり）」、二の重「生寿司（魚の酢の物）」、三の重「魚の焼き物」と魚料理が多いのです。それをおせちという枠に留めることなく、一つ一つの料理の意味を捉えて見せたいと考えたのです。

例えば、根菜を使った「お煮しめ」や「筑前煮」には土台、基礎を固めるという意味があり、新築や事の始まりに縁起のよいお祝いの料理になる。昆布巻きは巻物ですから、学問を志すもの、修めたものの縁起になる。そうしたさまざまな祝い事にふさわしい料理を、季節別、調理別といった区分けではなく、「笑顔」「若々しく」「学び」「立身出世」「繁栄」「まめまめしく」「元気」「芽が出る」「お金持ち」「安定」を各項目の区別にして料理を並べました。日本の「祝いの料理」は、自然の中に八百万の神を見出した日本の心そのものです。その姿や色、味わいを愛おしみ、語呂を合わせて言祝ぎ、「めでたさ」に変えていきます。

食材と調理のリアルを伝えたいと撮り下ろした一連の写真を一冊の本にまとめたのです。日本の美意識を表したいと願ったこの本が、早稲田の美学の教授から美術書として推薦されたのはうれしいことでした。

一汁一菜でよいという提案

『祝いの料理』の出版を経て、日本の伝統的なハレの料理に注目することで、日常のケの料理の意味を改めて考えることになりました。

それは、私の料理観を分類整理することにもなり、意識しないうちに展開していきました。フランスの三つ星レストランやビストロ、そしてフランスの家庭料理、日本の家庭料理と、最高峰といえる料理屋の仕事、そして日常の中のケ・ハレの料理、といった項目で一つの食文化を多角的に見る視点が、私の中にいくつも生まれていました。

多様な料理観のそれぞれを掘り下げながらもブレなかったのは、『食生活と身体の退化』で読んだ民族文化それぞれの持つ食の形にあったと思います。料理とは好き勝手にしてよいものではありません。一つの料理、一つの調理には意味があり、幾つもの観点があるのです。それだけ複雑で、一元論的に考えられるものではないのです。

ここまでの体験や学術的な考察のおかげで、ようやく自分の立ち位置がわかってきたということなのです。それが、家庭料理を研究するという立場です。

でも、民藝と結ぶ家庭料理は、地球と人間の命を繋ぐものです。家庭料理ではお金はいただけません。お金を貰えば家庭料理ではなくなります。家庭料理の現実は愛情にあるのです。もちろんお金をいただく仕事もまた厳しいもので簡単ではありませんし、大事なのですが別ものなのです。

2014年に『きょうの料理』で、「塩おむすび」の回が充実したのは、そうした経験の結論でした。番組は手を洗うことから始めます。それが和食の原点です。気負わずいつも通り、自分で作ってマラソンの練習に出かける日のおむすびを紹介しました。そのおむすびは、夏の暑さにもびくともしません。午前中に一つ、午後に一つ食べるのですが、食べ切るのが惜しいほどおいしいものでした。

おむすびは携帯食です。たとえ暑い日に一日中持ち歩いても、傷む心配がないことが、携帯食の条件です。

そのためにやるべきことは、米はきちんと水が澄むまで洗って、何度も取り替えてからザルにあげること。40分ほど時間を置いて給水すること。

洗い米をきれいな水で水加減して、すぐに炊くこと。

念入りに手を洗うこと。

炊き立ての熱々をまとめること。

手塩をしてむすび、表面に塩の壁を作ること。

すず竹など通気性の良い弁当箱に入れること。

こうした先人の知恵は、目に見えないものの存在を意識した人間の振る舞いです。

こうした手順は、雑菌を「入れない」、「殺菌」、「増やさない」という、衛生管理の原則を超えた複雑な道理に適った知恵の産物です。科学的な細部の知識というより、大きなものを総合的に捉える直観的な判断で得た経験や知恵を土台とする慣習にこそ、自然と人間の関わりにある深い思想が表れるのです。

これに加えて、姿形にこだわらない、おいしく作ろうなんて思わない、かっこよく、食べやすく、作ろうなんて思わない、そんな手の流れに乗って自然に作った結果が、とびきりおいしい塩むすびになります。

2015年には「WACCA池袋」とパートナーシップを結び「土井善晴の勉強会」という一連の講座や、掘り下げたいテーマごとに専門家を招いて対談形式で講演する「日本文化を感じる講演会」を開いたのです。そのうちの「大人の食育」の回を開いた時のことです。大勢の若い人が集まってくれました。これから新しい家庭を持つというカップルや小さな子供を抱えた若いお母さんがそこにいて、話を聞く機会があったのです。なにを求めてここにやってきたのでしょう。

聞いてみれば、こんな返事が返ってきました。

幸せな家庭を持ちたい。自分の子供は自分で作った料理で育てたい。でも、お料理ができない。したことがなくて、どうしていいかわからない。

口を揃えてそう言うのです。

それなら「味噌汁とご飯でいいのです」と話したのが、一汁一菜の始まりでした。

それ以前にも『おかずのクッキング』でそのような企画はあったのですが、「一汁一菜」という言葉にしたのはその時が初めてでした。それまで家庭料理に一汁一菜なんていう言葉はなかったのです。懐石料理の献立（品数）にある「一汁◯菜」という表現は、「栄養学」普及のために、その論理（主菜一品、副菜二品）に合わせて一汁三菜として取り込まれました。以後、主菜というメインディッシュ（肉か魚か）を中心にする観念が家庭に入ったのです。和食にはそもそもそうした観念はありませんが、「一汁三菜」という言い方は日常化され、私たちの耳にも馴染んでいきました。『一汁一菜でよいという提案』（新潮文庫）にも書きましたが、一汁三菜に対して、庶民の暮らしにあった汁飯香という日常の食事を、あえて私は「一汁一菜で大丈夫」と言ったのです。忙しい料理撮影の合間に、大勢の人間がさっと食べる食事が一汁一菜で、それは昔ながらのやり方で当たり前にいただけます。誰が忙しい日にハンバーグが食べたいなんて言うでしょう。毎日それは続けられるものでしょうか。

それぞれの家族によっても、年頃によっても、その日の体調によっても、ときどきに食べるべきもの、食べたいものは違うのです。ですから、一汁一菜を土台にして、都度、何かをプラスするという考えを持てばいいのです。

この「一汁一菜」を伝えた途端に、若い皆さんの顔がいっぺんに明るくなりました。特に若い女性が多く、彼女たちは本当に安心したのでしょう。それは、とにかくご飯を炊いて、具だくさんの味噌汁を作ればいいとわかったからです。

具だくさんの味噌汁はおかずの一品を兼ねます。余裕があれば、食べたいものや食べさせたいものを、その都度調べて作ればいい。一汁一菜を料理の入り口にして、一つ一つおかずを作ってみて、10種ほどでもできるようになれば、それで幸せに一生やっていけます。それだけで健康に健やかに自足できるのです。あなたのつくる料理に、失敗なんてないのです。

先ほど紹介した「WACCA池袋」の活動（コロナ禍において休止中）では、「土井善晴の『お稽古ごと』」というクラスもありました。一ヶ月に一回、六回セットの授業です。たくさんの希望者から厳正な抽選をして、20人のクラスです。申し訳ないと思うのは、この講座を受講できなかった人が多いことですが、少人数だから実現できる授業です。それだけに生徒との距離も近くて生徒同士も名前を覚えてしまうほどでした。

料理周りのレクチャーを30分ほどして、1時間ほど教壇を囲むようにしてデモンストレーションをします。その間に私のスタッフ（ぬか漬けの上手な平澤や家族に手伝ってもらっています）が料理をして盛り込み、生徒自身がお膳を組んで、みんなで一緒に食事をします。

それは、私たちの暮らしで半ば失われた家庭生活をお稽古ごとで再現できればと思うからです。クラスの生徒たちと家族のように食卓を囲んで食事をする。それは、家族（親）が作るのを何げなく見たり、音を聞いたり手伝ったりしているうちにできあがる料理をお膳に整えて食べる、まさに家族の風景です。クラスでは、銘々が朱塗りのお膳にきちんと整えて、洗い物まで始末をつけていきます。

私自身もテーブルに座って一人一人と、少しずつでも直接話します。基本的にお料理にまつわる話のほかはしませんが、食は自然とつながり生徒一人一人の人生ともつながります。今この季節に食べといたらええなあと思うものを献立にした六回の授業のうち一回はハレの日の料理にして、ハレとケも経験してもらいます。

このクラスで驚いたのは、授業の回数を重ねるにつれて、生徒のみなさんが、目に見えて輝き始めることでした。その人の中で何かが変わるのは、大切なことがわかったからでしょう。それはほんとうにうれしいことでした。だから私は、料理して食べる食事というものを信じます。また近く、再び「お稽古ごと」を開催できたらいいなと思っています。

味噌汁は何を入れてもいい

一汁一菜とは「汁飯香」、味噌汁とご飯と香の物（漬物）を言います。とりあえず、ご飯を炊いて、具のたくさん入った味噌汁さえ作れば、食事になるのです。味噌汁を具沢山にすることで、おかずの一品を兼ねます。野菜に油揚げや少しの肉を入れて具沢山にすることで、栄養的にも問題ありません。一日三食、毎日一汁一菜だっていいのです。足らないという人はおかわりしてください。一汁一菜は飽きるどころか、いつも「おいしいなぁ」って言えるはずです。それは、人間が味付けしたものが何もないから。和食の原点である一汁一菜は自然の摂理の中にあって、山や花といった自然の風景に見飽きることがないのと同じです。

ただし、「味噌汁には何を入れてもいいのです」と伝えても、適当に考えてできる人は案外少ないと気づきました。私たちは、自分で発想してなにかを創ることが苦手になっているのかもしれません。それほど「こうでなくてはいけない」と信じ込まされてきたのかもしれません。豆腐やわかめ、大根に油揚げ、じゃがいもと玉ねぎ、といった、おおよそお決まりの味噌汁しか作っていなかったのです。これまで食べ慣れてきたもの以外の食材を入れるのはタブーでしょうか。トマトやピーマンを味噌汁の具にすることも、ソーセージや残り物のおかずのから揚げを具にすることも、そのたびに驚かれました。毎度「〇〇を入れてもいいんですか」と確認されます。味噌汁に入れたくないものはあっても、味噌汁に入れていけないものなんてありません。それが味噌汁の凄さです。私も日々、味噌や味噌汁の万能性には驚いています。

具沢山にすれば、それぞれの具から旨味（水溶液）が出ますから、だし汁は必ずしもいりません。でも、だし汁がないと味噌汁は作れない、と思い込んでいる人は多くいます。酒造りの杜氏は、手弁当に鉄瓶で沸かした湯に味噌を溶いただけの味噌汁を好みます。仕事柄、混ぜものを嫌うからでしょう。湯に味噌を溶けば味噌汁、醬油を溶けば醬油汁。こんなに豊かになる前は、茶に味噌を溶いた味噌茶を気骨に効くと飲んでいたほどです。

焼き飯は強火が基本だとか、材料は切り揃えなければならないとか、豆は煮崩れてはいけないとか、私たちは何かに縛られてお料理をしてきたようです。そうした料理の決まり事の多くはハレの日のために洗練されたプロの仕事です。ハレの日やプロの仕事が日常の暮らしに入りこんでしまったから料理が「面倒なもの」になったのです。そんな箍《たが》はすべて外せばいい。ハレの仕事は、普段の家事と区別するから意味がある。そうすれば日常のケの料理は、ずいぶん楽に、ごくシンプルになります。
相撲部屋のちゃんこ（食事）も一汁一菜が基本です。ちゃんこ鍋は、「鍋」と言われていますが「汁」です。なんでもかんでも味噌汁に入れて煮込んだ超具沢山の汁を、大鍋ごと関取の真ん中に置いて、ぐるりから手を伸ばしておかわりするのがちゃんこ鍋です。それに、谷町（ひいき）からの差し入れの刺身や肉を特別につけるのです。

健康は後からついてくる。一汁一菜を信じてください。

私が「一汁一菜でよいと提案する」今も、栄養学的には一汁三菜が奨励されているのは変わりありません。栄養学が科学であるなら、同じ基準でないと成立しないので、西洋で生まれた栄養学を和食に当てはめています。敗戦後は、西洋人に比べて随分劣っていた体力（体格）の向上をめざして、アメリカ式の栄養指導を取り入れ、タンパク質と油脂のエネルギーを中心に考える一汁三菜を基本としたのです。
そもそも和食にはメインディッシュなんてないのですが、以後は「お肉がいいか、魚がいいか」とメインディッシュから考え始めるようになりました。たとえば、和食で肉を使った代表例の肉じゃがは、肉料理か野菜料理か、考えてみてください。肉じゃがは、主菜（メインディッシュ）を兼ねた副菜、あるいは副菜を兼ねた主菜ということになります。魚以外の和食のタンパク質といえば、味噌汁の味噌と油揚げ、納豆や豆腐など大豆食品ですが、メインディッシュという感じはしないでしょう。和食であえてメインディッシュといえば、春の若竹煮や秋の土瓶蒸しのような季節を味わうものです。そうした情緒性を含んだ楽しみよりも、カロリーを優先にすれば肉が大事になる。バターや油を使った西洋料理や中華料理を取り入れざるを得なくなる。

つまり、栄養学を進めれば和食文化が失われるのは当然のことなんです。その実践で大勢が対象になれば、西も東も平等に均一化することになるのもまた当然で、食文化の多様性は後回しになっていきます。

これが雑食の始まりです。その上、国を挙げての国民の栄養向上政策の努力は実り、昭和50（1975）年ごろには、ご飯を中心とした日本型食生活が完成したと喜ぶようになりました。しかし、それも束の間、外食の楽しみを知ると、一気に肉食が進み、油脂（エネルギー）の取り過ぎに偏り、生活習慣病、さらにメタボが表れ、現代に至ります。

食文化は不要なのでしょうか。おいしくて、栄養さえ取れればいいという考えもありますが、食文化とは自然と家族の命を守るものです。それなら、自然とつながる日本型の栄養学があるべきなのです。その実現はあまりに複雑で無理なことに思えるかもしれません。でも、これまでの時代の食事を思い出して普通に考え、一人一人の感性を働かせれば実現できます。人の健康を細部の化学的な数字で捉えようとせず、季節感と暮らしの健全の維持という大きな感受性を失わなければいいのです。そうすれば無理に健康を追いかけなくても、健康は後からついてくるのです。

毎度の食事、一汁一菜を用意すれば、食事作りのノルマは完了です。一汁一菜を続ければ、体調が良くなり、健康になります。きちんと整えるというのは、自分の居場所に戻るということ、心身をリセットできます。おかずをプラスするのは、自分の心に、時間に、お金に、余裕があるときでよいのです。それは全て自分（家族）の楽しみですからね。

暮らしにメリハリをつけることで、リズムもできます。一汁一菜を、暮らしの要にしてください。私たちは、豊かさを追い求めるばかりになって、基本や生きる土台を失っています。次々と押し寄せる情報に注意を搾取され、やりたいことができなくなっているのです。仕事のストレス解消に食べ、欲求を満たし、その反動でダイエットする。食事をコントロールできなくなって、何を食べればよいかさえわからなくなっている。

一汁一菜なんて同じことの繰り返し、と思われるかもしれませんが、基準は動かないから基準になるのです。基準が守られるから、小さな変化にも気づくのです。お味噌汁の一椀の中に、無限の変化を知ることができます。それが「有限の無限」です。違いに気づくことが感性です。同じ味噌汁は二度と作れません。季節は移ろい、おのずからおこる変化を捉えることは、感受性を磨く機会です。それは誰もが幸せになる技術です。暮らしは道、修業にもなるのです。

料理をなめてはいけない

「何を食べたい？」と聞かれたなら、個人的なそのときどきの気分で、レストランでメニューを選ぶように返答すればいいと思います。しかし「何を料理するか」となれば、自分だけのことではなくなり、料理する人の思いは、「自然」と「他者」に向かいます。

料理をする人は、自然と人間、また、人間と人間の間に立って生まれる感情に、喜んだり苦しんだりしてきました。料理する人に依存している「食べる人」はそこがわからないので、無邪気に喜んだり腹を立てたりして、作る人の苦心には想像が及ばず、食べる人と作る人の関係はギクシャクしていきます。

ところで「人間は何を食べてきたか」を語った書籍は私の本棚にも何冊かあります。最近では、現代の頭脳と言われる経済学者で思想家のジャック・アタリがまさにそんな本を書いています。

けれど、それって男の権力や美食の歴史だから私にはつまらないのです。私は料理するという人間の行為そのものに興味があるのです。「人間は、何を思い、何を料理してきたのか」という料理する人の気持ちを深く考えて書かれた本は一冊もありません。日々の料理は単なる楽しみ、快楽（欲望）であると軽んじられ、なめられてきたのです。

私の仕事は料理研究です。フランス料理や日本料理の現場で修業した後、家庭料理の指導者という命を育む料理の仕事をしてきました。和食は何もしないことを最善とするといったことをすでに書きましたが、その思想は原初よりの人類の行為としての料理と一致して、お金を取ることはありません。家庭料理は無償の愛の行為だと言えるのです。お金を取れば家庭料理ではありません。ゆえに経済行為としてあるプロの料理に対して、家庭料理は純粋料理、原初の料理です。

この「家庭料理」という言葉は、プロの料理に対しての言葉ですから、原初の本来の意味を考えれば、「家庭」をつける必要はなく、シンプルに「料理」と言えばいいはずです。ですから、本来なら「家庭料理」などと言わずともよいのですが、プロの料理と家庭料理は、その目的や条件を区別しないで語られることが多く、あえて「家庭料理」と呼んでいます。

違うことがわかっていれば、家庭料理と言わずともシンプルに「料理」でよいのです。家庭料理こそが、純粋な料理の原点です。その料理を考えてわかったことは、栄養摂取、表層のおいしさ、腹を満たす快楽とコミュニケーションだけが、お料理の意味ではないということです。ですから、それを基準にすればさまざまな場で行なわれる料理の相違や意味が見えてくるのです。

これまでは、料理の意義は、食べる人の側に立って、食べる人の「栄養摂取」「楽しみ」「コミュニケーション」にあると言われてきました。もちろんそれだけでも、十分な意味があるでしょう。しかし、料理を「する」という行為には、それだけではない、どころかそれ以上の意味があるのです。

料理するとなれば、まず自然を見ることになります。そうすれば、自然が、今、何を食べるべきかを教えてくれることでしょう。振り返って、家族という食べる人を見れば、家族の体調や好み、いろいろなことを思って少し工夫するものです。それが料理の不思議なところで、オートマチックに食べる人のことを考えてしまいます。

だからこそ、料理する人と食べる人の関係は、愛情となり、信頼関係を生み、その両方を育みます。日々の暮らしにおける「作って食べる」という食事は、教育機能を持ち、学習機能をも持つことは疑いありません。そして、自然から生まれる料理はいつも変化していますから、自然の食材に同じものは二度とないのです。色の濃いもの薄いもの、味の濃いもの薄いもの、甘いもの、苦いもの、酸っぱいもの、と、同じものは二度とありません。

そんな食事から、私たちは無限の経験をしている（きた）のです。身体は、覚えようとしなくても無限の経験を記憶します。良い経験は心地よい経験として、それぞれの細胞単位で記憶するのかもしれません。それは頭で覚えるのとは違います。視覚、嗅覚、聴覚、触覚、味覚という感覚所与からの刺激を受けて、時にすばやく、時に時間をかけて蓄積された膨大な経験と結びます。これを「悟性」と言います。経験が生む知性として、この悟性が働いて、見えていないものさえ知ることができるのです。そうした感性は予測する能力にもなり、食事であれば、見ただけでもおいしいとわかってきます。この悟性によるイマジネーションを持って丁寧にものを見ることは、あらゆることに生かせる能力です。

違いがわかることを「感性」と言います。小さな変化にも気づくことができる人がいます。その気づきを喜ぶ人を「もの喜びする人」と呼びます。もの喜びとは、小さなことにも気づいて喜ぶこと。ちょっとしたことに気づいて発見することがあると、嬉しくなります。素直に喜んで、笑顔になって、幸せな気分になれば、周りにいる人さえも嬉しくなるのです。お料理屋さんに行って、お皿にあしらわれた季節の葉っぱにも、ちょっとした心遣いにも、いろんなことに気づいて喜んでくれる人は、だれよりも、おいしいものが食べられると思います。だれだって、いいところを見てほしいし、気づいてもらいたいと思っているのです。

地球と人間の間に料理があります。料理をすることは、地球を考えることです。この頃、魚を食べる度に海が気になります。地方に行けば、漁港や市場にいつも行きますが、どこに行っても魚が取れなくなった、いなくなったという話を聞くからです。いつまで魚が今の状態で食べられるのか、あるとき突然魚がいなくなって食べられなくならないかと思うと、心配になることもあります。

どうぞ料理をしてください。料理をすれば、地球を思うことができるでしょう。私たち人間は、もとはと言えば、みんなわずか0・2ミリの卵です。ずいぶん大きくなりましたね。しかし、どうして大きくなったのかといえば、この身体は全部、これまで自分が食べたもので大きくなったのです、というのは、養老孟司先生に聞いた話です。目の前にある食材は、私たちの身体の一部になるかもしれませんよ。だって、米がなくては生きていけないとしたら、家のそばの田んぼは私たちの一部だとも言えるでしょう、と。だから、まさしく田畑は私たちの未来です。人間は自然の一部なんですね。忘れないでいてください。そう思っていると、「地球は自分」、「自分は地球」だと思えてくるでしょう。争っている場合じゃありません。地球を傷つけることは自分を傷つけることだと、わかってきます。

作る人と食べる人の関係は、表現者と観客のようです。いい芝居を見たいなら、良い観客にならないといけません。ちゃんと食べ物に向き合ってください。一生懸命食べてください。美味しく食べてください。一生懸命食べる姿は尊いと思います。

料理した人が、料理を食べてくれる人を見ると幸せな気分になるものです。一人暮らしでも、自分でお料理して食べてください。そうすれば、いつのまにか、自分を大切にすることができるようになっています。

自分で料理して自分で食べる。料理して家族に食べさせる。家族が作ったものを自分が食べる。だれが作ってもいいし、だれが食べてもいいのです。料理する人と食べる人はワンセット、一つです。だから「自分は家族」、「家族は自分」です。

幸せは、料理して食べる暮らしにあります。それがほんとうのところです。だから、お料理さえしていれば、みんな幸せになれるでしょう。

同時に、料理することこそ、自立につながります。料理をする人は自分で幸せになれる人です。自立しないと、人の言うことを聞くばかりになります。自立していないと、自分のことなのに自分で決められなくなります。自分のことは自分で決めたいと思ってもできなくなるのです。

お料理して自立することで、自足できます。自足すると、幸せだなと日々思えるようになります。そうそう、一汁一菜は、実行をするとダイエットにもなります。後から健康もついてくるので、いいこと尽くしです。日々の大きな変化はなくても、「ああ、おいしい」と毎日言えるはずです。毎日食べても飽きることはありません。毎日食べたいご馳走なんてどこにもないでしょう。ご馳走は、時折食べるから「ご馳走」です。

一汁一菜のお味噌汁には、いいお味噌を使ってください。いいお味噌とはきちんと発酵し、昔ながらの製法でよく醸されたものです。一汁一菜を基本にした変化の少ない単調な暮らしをしていると、微妙な変化にも気づけるようになるでしょう。そうなれば、風が吹いても幸せだなと思えるようになるのです。どうぞ、味噌汁を信じて下さい。

2016年に『一汁一菜でよいという提案』を書いた時よりも、一汁一菜のことがよくわかってきたようです。一汁一菜とは単なる生活の技術ではなかったのです。

ある高等学校の講演会で話した時、全員が感想を書いてくれました。一人の男子生徒は「家庭料理のない家もあるのだから、家庭料理の話をしないでくれ」と書いていました。これには驚きましたが、そういう時代なのかもしれません。ですが、その生徒には「ご飯を作ってもらえないなら、自分で作ればいい」と答えておきました。

ご飯を作ることで自分を守ることができるからです。高校生はもちろん、小学生でもできることです。家にご飯がなくても、小さな設備さえあれば、一汁一菜ならどこでも作れます。被災地に送るためにカセットコンロにかけた中鍋で十人分の味噌汁を作るビデオ映像を録画したことがあります。大勢の人のために大量にいっぺんに作ろうと思うと大きな鍋など設備が必要になり、衛生管理ができる調理師さんが作らないといけなくなって、手が出せなくなります。でも、十人分ならだれでもどこでも、材料とやる気さえあれば作れるんです。温かい味噌汁に、粉を練ってすいとんに仕立てれば、お腹もふくれて温まるでしょう。身体が温まると少し安心できます。

そうして自分を守るものとして、一汁一菜は、老若男女のだれでも救うのです。おいしくないものはありません。なにしろ、「味噌と食材におまかせ」でいいのです。まかせておけば不味くなりようがないのです。それが味噌汁を中心にした一汁一菜です。

ご住職で相愛大学学長の釈徹宗さんにお会いしたとき、一汁一菜は念仏だと思い付きました。念仏が悪人も善人も全ての人を救うように、一汁一菜も全ての人を救うからです。仏教のことはわからないのですが、一汁一菜の誰でも幸せにする万能性は、仏教とも重なるように思います。料理はすべてとつながっていきます。料理は、もちろん美の問題、柳宗悦の民藝論ともつながります。政治学者で東京工業大学教授の中島岳志先生は、「一汁一菜のコスモロジー」という論文を書いてくれました。小さな食事が大きな宇宙とつながっているということです。

いみじくも、私は『きょうの料理』と同い年です。その年のことは「昭和32(1957)年といえば、日本人の食生活がようやく安定してきた時代」とNHK放送史に記されています。その時からこれまで、私が料理に向かってきた年月は、戦後に食べられなかった時代から高度経済成長時代にも連なります。それは健康改善の時代、飽食の時代、生活習慣病（メタボ）の時代、外食中食の時代、度を超えた美食の時代、そしてコロナ禍の家庭料理・格差の食の時代まで多岐にわたります。そうした時代の変化を、経済の都合で「食の進化」だともてはやしてきたのではないでしょうか。

そうした食のうねるような変化の時代にあっても、私には一つ自信を持って言えることがあります。その間にあった経済的誘惑にも大量の情報にも影響を受けず、私の考えはぶれなかったことです。純粋な料理、家庭料理という基準を持ち続けてこられたのだから、私は食を語ってもいいのではないかと思うのです。

この本では、料理人になる以前から、料理研究家になって活動し始め、今に至るまでの経験と時々の想いを伝えています。「一汁一菜でよいという提案」に至った今の想いを重ね、再び考えることにしました。書きながらいろいろなことを思い出しました。自分の料理人生を振り返る良い機会になりました。私の料理論を深めることにもなりました。そして、それは、新型コロナを経て、これからの持続可能な食事のあるべき姿を考える礎になると思っています。

養老孟司先生が『一汁一菜でよいという提案』の文庫の解説にこう書いてくださいま

した。

「土井さんの思想を進めていけば、地球温暖化に苦しむ世界を救う思想になると私は思う。世界の改変を食から始めるというのは、まさしく修身斉家治国平天下で、一汁一菜が修身の第一歩である。」

こうした言葉を励ましと受け取って、一汁一菜を未来を明るくするスタイル、そこから長じて思想として進めていければと、考えています。新しい発見を、今、食事(料理)から人間を考える「食事学」、技術と情緒を取り込んだ「料理学」として、伝えていきたいと思っています。

本書は、月刊誌「波」に2018年11月号から2019年12月号まで掲載された、全14回の連載「おいしく、生きる。」を大幅に加筆修正したものです。

写真：鍋島徳恭（151頁）
他、文中の写真はすべて著者の提供です。

土井善晴　1957（昭和32）年、大阪府生れ。料理研究家、「おいしいもの研究所」代表。十文字学園女子大学特別招聘教授。東京大学先端科学技術研究センター客員研究員。著書に『一汁一菜でよいという提案』（新潮文庫）、他多数。

Ⓢ新潮新書

950

一汁一菜《いちじゅういっさい》でよいと至《いた》るまで

著　者　土井善晴《どいよしはる》

2022年5月20日　発行
2022年12月15日　10刷

発行者　佐　藤　隆　信

発行所　株式会社 新潮社

〒162-8711　東京都新宿区矢来町71番地
編集部（03）3266-5430　読者係（03）3266-5111
https://www.shinchosha.co.jp
装幀　新潮社装幀室
組版　新潮社デジタル編集支援室

印刷所　大日本印刷株式会社

製本所　加藤製本株式会社

ISBN978-4-10-610950-8 C0276